新特産シリーズ

ニンニク

球・茎・葉ニンニクの栽培から加工まで

大場貞信＝著

農文協

まえがき

ニンニクは中国から日本へ伝えられ、古くから栽培されていた。しかし、ニンニク独特の強烈なにおいからか常食されることは少なく、体験的に知られていた風邪などへの効果から、薬として利用されているにすぎなかった。

戦後、食生活の洋風化・多様化が進むにつれ、ニンニクを使った料理が食卓に並ぶようになると消費は伸び、栽培面積も一九七〇年代中ごろからしだいに拡大してきた。それとともに、調味料や健康食品などさまざまなニンニクの加工品も販売されるようになった。

高齢化社会をむかえて、ニンニクは健康増進や長寿に効果がある野菜として脚光をあびている。一九七〇年代以降、ニンニクに含まれる食品機能性成分のさまざまな健康効果が注目を集め、食生活の中でニンニクの重要性は再認識され、いっそう高まりをみせている。

近年、価格面から輸入が急増しているが、輸入品は品質や安全性の点で不安が取りざたされており、食の安全と安心の面から国産品が求められている。

さらに、ジャンボニンニクや無臭ニンニクと呼ばれるにおいが少ない球ニンニク、「ニンニクの芽」と呼ばれている茎ニンニク、葉・葉鞘を食べる葉ニンニクなどが、新しい食材として注目されている。

今後は利用場面も広がり、消費の拡大も期待できると思われる。

ニンニクは寒地の北海道から亜熱帯の沖縄まで全国に幅広く分布し、各地に在来品種も数多くあるので、全国どこでも栽培が可能である。栽培は比較的容易で、植付けしてしまえば収穫までの管理は手間がかからず、生育適温も比較的低いので中山間地でも導入しやすい。また、球ニンニクは保水性のよい水田転換畑は大球の良品生産に適しており、転作作物としても魅力がある。

本書は、ニンニク栽培を始める入門書として、生理・生態をふまえた球ニンニク、茎ニンニク、葉ニンニクの栽培法から加工までをわかりやすく解説した。特に、球ニンニク栽培では品質・収量を左右する施肥設計やかん水方法のポイント、生育障害の早期診断・対処方法も解説し、すでに栽培に取り組んでいる方にも役立つ内容になっている。

本書が、安全な健康食品である国産ニンニクを安定的に供給し、さらにはニンニクを利用した特産品開発による地域活性化やニンニクの消費拡大に少しでも役立てば幸いである。

本書の発刊にあたり、農文協編集部に大変お世話になったことに深く感謝する。

二〇〇三年　二月

大場　貞信

目次

第2章　ニンニクの基礎知識

第5章　販売と加工・利用

第1章

パワーのみなもとニンニクの魅力

1 健康増進に古くから利用されていたニンニク

(1) エジプトでは紀元前から料理や民間薬に利用

ニンニクの原産地は中央アジアと推定されているが、明らかではない。しかし、ニンニク栽培の歴史は非常に古く、はるか昔の紀元前から古代エジプト、ギリシアなど地中海沿岸地帯で人々に食用として栽培されていたことが記録されている。

エジプトでは紀元前二六〇〇年ごろ、ピラミッドの建設に携わった労働者の食料として、ニンニクがラディッシュ、タマネギとともに与えられたことがわかっている。クフ王が建造したピラミッドには、一〇万の労働者が動員されたと伝えられており、ピラミッドの内部の壁画には、労働者がニンニクを食べ、きびしい労働に耐えている姿が描かれている。

また、ニンニクは労働者の食料以外に、肉類や魚類の保存にも使われ、毒蛇や害虫によるかみ傷にたいしても、ニンニクをぬりつける治療法をすでにもっていたといわれている。

古代ローマ時代になると、ニンニクは遠征にでかける兵士たちの体力維持にかかせない野菜となっていた。

現在ではアジア、ヨーロッパ、アメリカなど世界各地に広く分布しており、栽培されている。

(2) 日本には大和時代に中国から渡来

東アジアへは西域から漢の時代に中国へ伝えられ、その後日本に渡来した（図1―1）。中国からわが国には、大和時代に伝来したといわれている。和名の「ニンニク」という呼び名は仏教語の「忍辱」に由来している。仏教の世界では仏門にあるものの修業のさまたげになることから、強精の効果が高い食べ物は禁じられていた。現在でも、寺院の門前に「不許葷酒《くんしゅ》入山門」と刻まれた古い石柱を目にすることがある。これは寺院の門内に「葷酒」を入れることを許さないという意味である。葷酒とは、葷菜すなわちにおいの強いニンニク、ネギ、ニラ、アサツキ、ノビルなどの野菜と酒をさしており、仏道修行を妨げるものとして僧侶が食べてはならないものとされていた。

また、平安文学の代表作、源氏物語のなかの帚木《ははきぎ》の巻にもニンニクが登場している。簡単にその一節を紹介すると、

「……月ごろふびよう（風邪）おもきにたへかねて、ごくねち（極熱）のそうやく（草薬）をぶくして、いとくさきによりなんえ対面たまはらぬ。……以下略」（注：いく月も前から重い風邪にかかっているので、ニンニクを食べ、くさいにおいがするのでお会いできません）

とある。このあとに続く歌から極熱の薬草が蒜＝ニンニクであることがわかるのだが、このように、

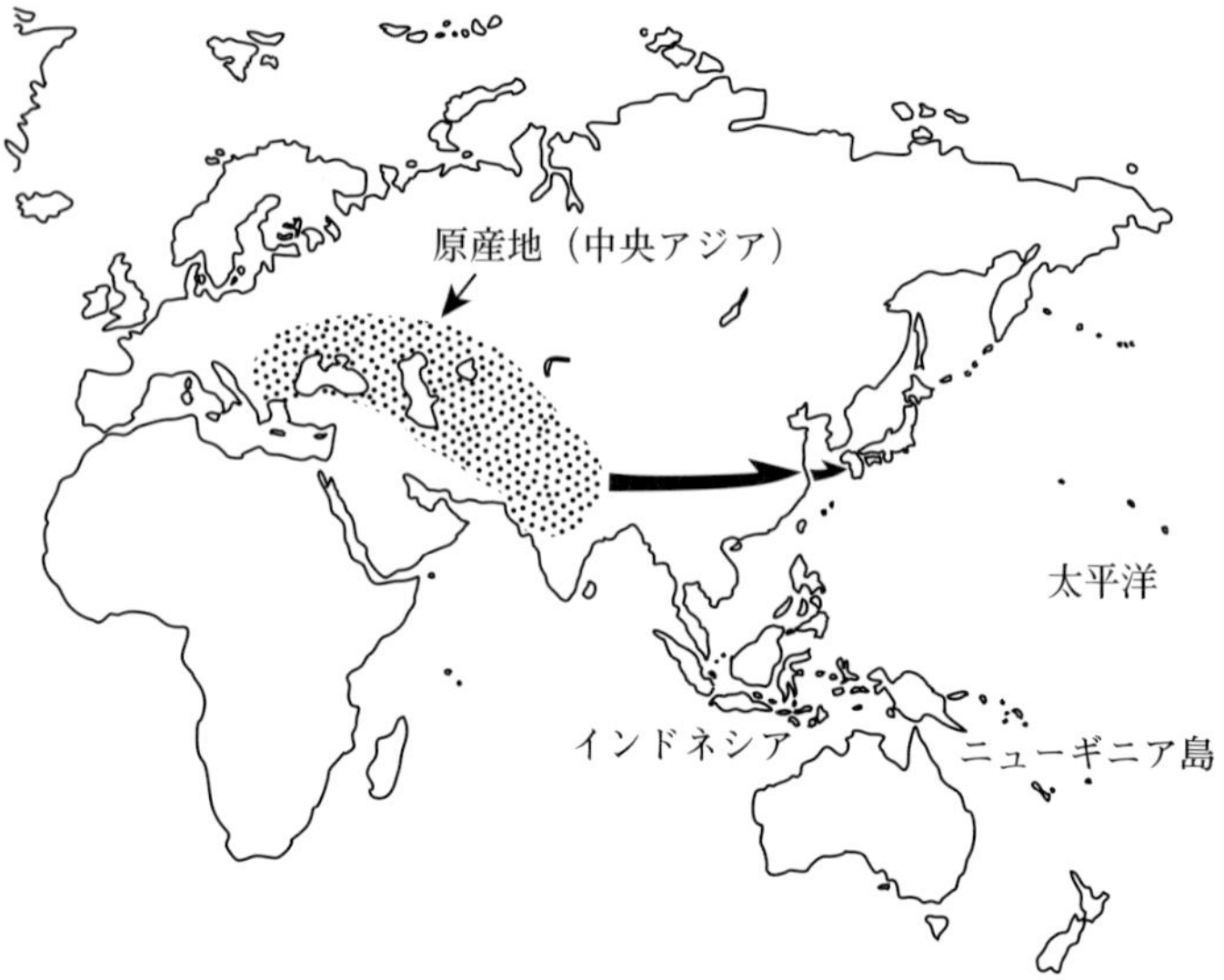

日本への伝播図

古くから風邪の薬としてニンニクが用いられていたことがわかる。

わが国では、仏教が伝来してから肉食が一般的でなかったことから、主に薬として用いられてきた。

(3) 戦後に野菜として定着

ニンニクが食品、特に野菜としておおいに利用されるようになったのは、戦後のことである。全国的にはりん茎部分を食べる球ニンニクの利用が中心であるが、亜熱帯の沖縄や九州・四国などでは若い葉鞘部分も葉ニンニクとして利用している。

昭和四十年代の日中国交回復の中国野菜ブームなどによって、ニンニクは

図1—1　ニンニクの

野菜として広く使われるようになり、とくに高度経済成長期をむかえてから、疲労回復のための強精食品として広く利用されるようになった。それと同時に水稲の減反政策にともない転換畑でも栽培できる新作物が求められ、ニンニクは各地に導入された。

また、最近では食生活が豊かになって食が多様化していることや健康志向の面からもニンニクの消費量は増加している。食品としてのニンニクは、タンパク質やカルシウムやリンなどのミネラルのほか、ビタミンB_1などのビタミン類を含んでいる（表1—1）。また、ニンニクのタンパク質にはアリインという特殊なアミノ酸が含まれていることがわかっている。

表1－1　ニンニクの各種成分含量（可食部100g当たり）

区分＼項目	エネルギー	タンパク質	脂質	炭水化物	ミネラル カリウム	カルシウム	マグネシウム	リン	亜鉛	鉄	マンガン
	kcal	g	g	g	mg						
球ニンニク・生	134	6.0	1.3	26.3	530	14	25	150	0.7	0.8	0.27
茎ニンニク・生	95	1.9	0.3	10.6	160	45	15	33	0.3	0.5	0.20

区分＼項目	ビタミン B_1	B_2	B_6	C	E	葉酸	パントテン酸	食物繊維総量
	mg					μg	mg	g
球ニンニク・生	0.19	0.07	1.50	10	0.5	92	0.55	5.7
茎ニンニク・生	0.11	0.10	0.31	45	0.8	120	0.29	3.8

（五訂 日本食品成分表から抜すい）

2　ニンニクの秘める力

(1)　すぐれた食品機能性

ニンニクはヨーロッパ、中近東、熱帯アジア、韓国、中国、アメリカなど、世界中で栽培され、料理に使われている野菜である。そして、洋の東西をとわず、ニンニクは薬効のある食品として、その優れた効果は古くから体験的に知れわたっていた。

近年、野菜の食品機能性については注目を浴びており、研究がすすめられている。

ニンニクの機能性についての研究は、一九五〇年代から世界中ですすめられ、インドの研究者がニンニクを食べることによって動脈硬化の発生がおさえられることを発表して以来、研究が盛んにおこなわれるようになった。

一九九〇年、アメリカの国立がん研究所を中心に、野菜や果物のどのような成分ががん予防に有効なのかを科学的に解明するプロジェクトが組まれた。このプロジェクトは、「デザイナーフーズ計画」とよばれ、研究の成果を約四〇種類の食物を重要度順に区分し、ピラミッド型にして発表した。

その中でニンニクは、キャベツ、ショウガ、ニンジン、セロリ、大豆、甘草とともにもっとも重要な品目としてピラミッドの頂点の部分に分類されている。ニンニクには病気の予防機能をもつアリシンやスコルジニンといった成分が含まれていることが特定され、それらの成分がもつ機能性についても科学的に検証されている。それにより、ニンニクには、血圧降下やコレステロール低下、抗がん作用などの食品機能性があることが明らかとなった。

(2)　においの成分アリシンが薬効のもと

ニンニクはりん片を切ったり、おろしたりして傷をつけると、強烈なにおいを発生させるのが特徴であるが、このにおいの成分はいろいろな機能性をもつ。

一九四四年、チェスター・J・カバリトは、ニンニクのにおいのもとであるアリシンが、ペニシリンと同様の抗生物質の一種であることを明らかにした。

りん茎の細胞のなかには、においのもとになる成分のアリインというアミノ酸が貯えられている。ニンニクを傷つけるとアリインはアリイナーゼという酵素と反応して、はじめてアリシンなどのにおい成分に変化する。

このアリシンなどのにおい成分は、殺菌作用などの生理活性が強く、血圧降下、コレステロール低下、抗がん作用といったいろいろな薬効のもととなる。

たとえば、ニンニクを食べると、脚気症状が改善されることは古くから経験的に知られていた。これはニンニクに含まれるアリシンの働きによるもので、アリシンは身体のなかでビタミンB_1とむすびついて、ビタミンB_1分解酵素に分解されにくいアリチアミンが生成される。このため、ニンニクを食べるとビタミンB_1を効率よく吸収でき、ビタミンB_1不足が原因の脚気や神経痛によく効く。

(3) 血液の流れをよくする

このほか、ニンニクには血管をひろげて血圧を下げる働きや、血をサラサラにして動脈硬化を防ぐ働きがある。これは主に、ジアリルジスルフィドやジアリルトリスルフィドといった成分によって起こる（表1—2）。

また、スコルジニンという無臭の成分は、新陳代謝を盛んにしたり、人体のホルモンの働きを活性化する効果があり、冷え性の予防にも役立つ。

(4)　強い抗菌作用をもつ

ニンニクに含まれるアリシンは強い殺菌力をもち、このアリシンの抗菌作用はニンニクの数ある機能性の中で、もっともすぐれたものである。アリシンをはじめ、ニンニクに含まれるいくつかの成分は、およそすべての細菌や糸状菌に抗菌作用をあらわすことが多くの研究者によって証明されている。それを利用して、ニンニクから一〇種類以上の微生物の成長をおさえ、さらには殺してしまう物質が分離されている。医学の世界では、抗生物質が開発されるまで、ニンニクにまさる薬剤はなかったといわれている。

アリシンの強い殺菌力・抗菌作用は、人間がニンニクを食べ、人体の中に入っても効果を発揮し、人体の中に入り込んだ回虫の駆除にも効果が高い。生肉を食べるときにすりおろしたニンニクがよく添えてあることからも、この効果がうかがい知れる。

表1－2　ニンニクの主な香辛料成分と生理・薬理作用

香辛料成分名	生理・薬理作用
ジアリルジスフィド	血栓形成阻止
ジアリルトリスルフィド	血栓形成阻止
アリルプロピルジスルフィド	強　壮

ニンニクのもつ抗菌作用は、生ものの食品中毒予防や漬物の長期保存など、現在でもおおいに活用されている。

以上のように、ニンニクはいろいろな医薬的な効果があり、健康増進のために役立つ。

ニンニクは生のままでも加熱しても食べるが、生ニンニクは刺激が強いため空腹時に多量に食べると胃が荒れることがあるので、食べる量に注意する必要がある。ニンニクは料理や漬物などの加工品の原料として使えば、においも気にならず風味も増し一石二鳥である。

3　これからのニンニク栽培の魅力

(1)　食の多様化で茎ニンニクや葉ニンニク栽培にも注目

近年、日本人の食に対する志向はますます多様化し、中華料理、イタリア料理、東南アジア料理などの、ニンニクを食材として使うことが多い食事も、日本人の食生活の中で定着を見せている。さらには、健康志向の面からもニンニクの食品機能性がおおいに注目され、ニンニク消費が拡大している。

ニンニクは、このような食の多様化に対応していく野菜である。

このような食の多様化のなかで、「ニンニクの芽」として広く知られている茎ニンニク、さらにはネギのような見た目で西日本では馴染みのある葉ニンニクなど食材の利用が広がっている（図1—2）。茎ニンニクは甘味のあるシャキシャキとした食感が特徴で炒め物に、葉ニンニクはにおいのマイルド感と甘味が特徴で炒め物や煮物、焼き物と用途も広い。

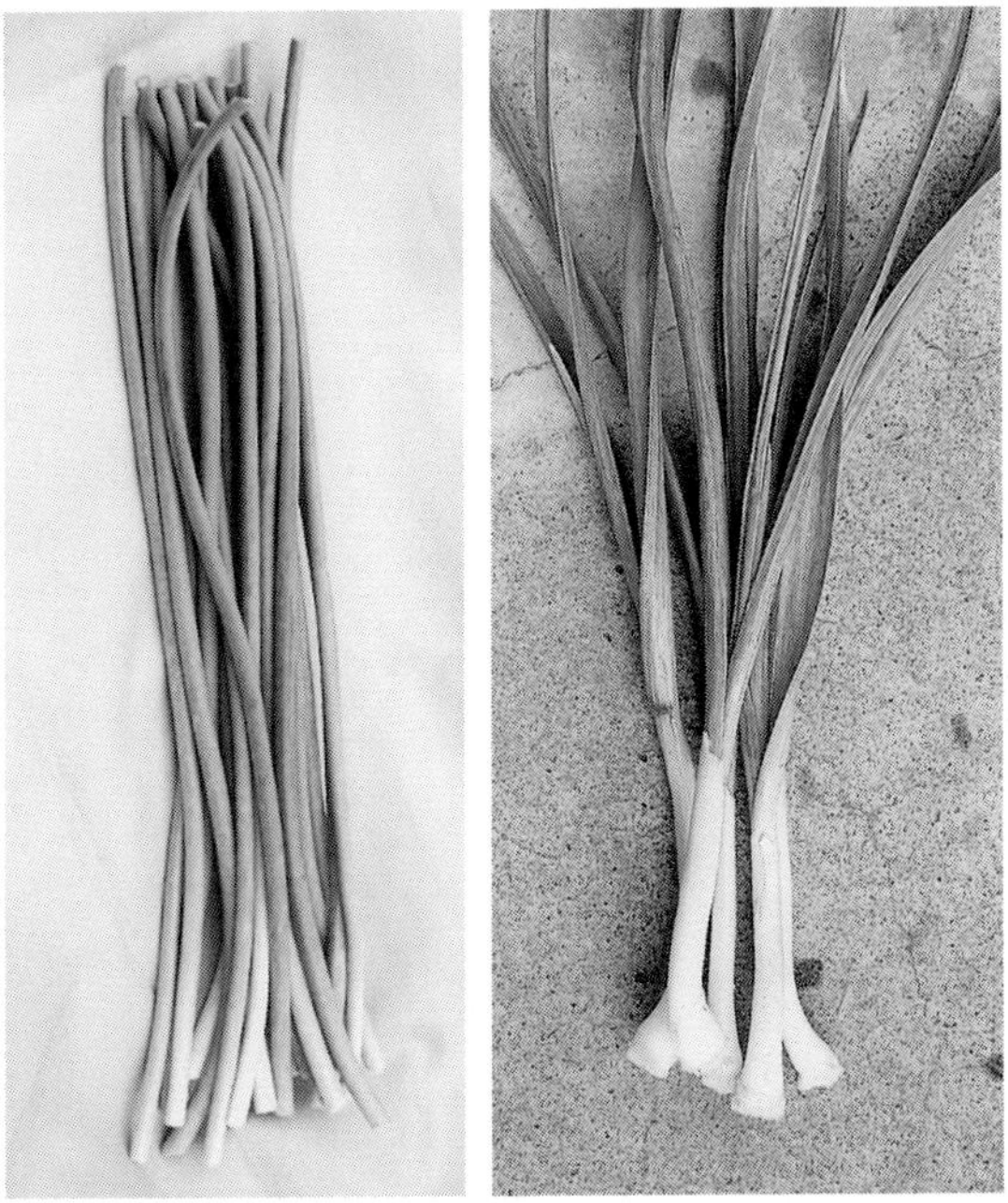

図1—2　茎ニンニク（左）**と葉ニンニク**（右）

今後は、食の安全性に対する関心がさらに高まり、安全な国産野菜を供給するため、球ニンニクに加えて茎ニンニクや葉ニンニクも積極的に栽培を進める必要がある。茎ニンニクは球ニンニク栽培の途中で収穫できるし、葉ニンニクは球ニンニクより短期間で収穫できる。球ニンニク栽培では、植付けや収穫・調製が作業の中心であり、その間の管理作業は少ないため、その期間に他の作物を栽培することも可能である。

(2) 抽だいした茎をニンニクの芽として販売

ニンニクの大部分の品種は、生育が進むにつれて花茎が長く伸長してくる。球ニンニク栽培では、花茎の伸長を放置すると球の肥大が悪くなるため、早めに花茎を摘み取る作業をおこなう。このときに摘み取った茎が茎ニンニク、いわゆる「ニンニクの芽」で、中華料理などでは、肉や魚や豆腐などと組み合わせていろいろな炒め物にする。

スーパーなどで普通に売られている茎ニンニクは、ほとんどが中国からの輸入品である。国産品の生産量はごくわずかである。鮮度などの点から国産品の茎ニンニクのほうが甘味とシャキシャキ感が輸入品よりすぐれている。

(3) クズりん片を活用して葉ニンニク生産

球ニンニク栽培では、出荷規格から外れたクズ球が収量のおよそ一〜二割ほどでる。クズ球は自家用、またはニンニクチップ、ニンニク球、ニンニクしょう油漬けなどの加工品の原料として利用できる。

さらに、クズ球のりん片は葉ニンニク生産の種子として利用することも可能である。葉ニンニクは、生育期間が三〜四カ月と球ニンニクより短いこともあり、水稲の育苗に利用した後の遊休ハウスでも栽培することができる。水稲の育苗ハウスは夏場はトマトなどの栽培に使われているが、冬期間はあいていることが多い。この期間に葉ニンニク栽培を導入すれば、ハウスの有効利用にもつながる。そのうえ、特別な栽培技術がなくても容易に栽培でき、冬場でも加温する必要がないため、経費もほとんどかからない。

葉ニンニク生産の種子となるクズりん片のでる量は、球ニンニクのその年の作柄によって左右されるため栽培面積が不安定になりやすいが、葉ニンニク生産は冬場の換金作物として貴重である。また、葉ニンニクは球ニンニクや茎ニンニクにくらべて市場出荷量はまだ少ないが、今後、葉ニンニクが消費者にきちんと認知されるようになれば、消費は伸びることが予想され、期待できる作物である。

(4) においの少ない品種の登場――無臭ニンニク・ジャンボニンニク

ニンニクは独特のにおいにさまざまな薬効が秘められているが、ニンニクの独特のにおいが苦手な人もいたり、日常生活のなかでは独特のにおいが問題となることもある。

そうした人のために、最近では、一般に無臭ニンニクとかジャンボニンニクと呼ばれる、においが少ない品種もでてきている。これらは、ニンニクの従来の品種にくらべ草丈が高く大形で、球も大きいのが特徴である。葉や球の形はニンニクに似ているが、植物学的にはリーキの近縁種といわれており、グレートヘッドガーリックと呼ばれているものと同様のものである。抽だいすると茎の先端に、リーキと同様の球形の花（ネギボウズ）をつけるが、ほとんど種ができない。したがって、ニンニクと同じく、りん片で増殖する。

無臭ニンニクやジャンボニンニクの栽培方法は普通のニンニクとほとんど同様である。ただし、りん片が普通のニンニクの二倍以上も大きいため、栽植距離を少し広くする必要があるなどのちがいがある。普通のニンニクのように料理や加工の原料として使われるほか、球が大きい特徴を生かして一球をそのまま蒸し焼きや油であげたりして食べられることもある。

ニンニクは独特のにおいもおいしさではあるが、今後はにおいが問題となる場面では、においの少ない品種の利用も増えてくることが考えられる。

(5) 転作作物としても有望――転換畑は大玉生産に向く

ニンニクの植付時期はだいたい秋ごろ（九月下旬～十月中旬）だが、冬期間は生育をほとんど停止し、越冬して春から初夏のころに地下部の球の肥大が急速に進む。

ニンニクは春先の土壌の乾燥にはあまり強くなく、春先以降の球の肥大する時期に土壌が乾燥状態にあれば、病気・生育障害が発生し、球の肥大は悪くなる。したがって、土壌が乾燥しやすい普通畑より土壌水分の多い水田転換畑がより大球生産に適しているといえる。

日本では、ニンニクが水田転作への適作物として導入されたためもあって、ニンニクの日本一の産地である青森県では大部分が水田転作畑での栽培となっている。しかし、排水対策が不十分だと湿害などがおこり、大球生産はむずかしい。したがって、水田転作畑では高うね栽培が前提となっている。

4　加工や販売方法の工夫で輸入品にも対抗

(1)　品質プラス安全性で勝負する

最近、中国などで生産された価格の安いニンニクが大量に輸入されている。中国産をはじめとして輸入品は、国産品にくらべ球の大きさは小ぶりである（図1―3）。また、りん片の数が国産品より二倍くらい多く、形も不ぞろいで、りん片自体も軽い（図1―4）。そのため皮がむきにくかったりするなど、輸入品は利用しづらいという欠点がある。また、店頭では、乾燥不足などの原因で腐敗や球抜けするなど、棚持ちもよくないものが輸入品には多いようである。

これにくらべ国産品は、球が大ぶりで、りん片が大きい

図1―3　国産品と輸入品（中国産）の球の比較

左：輸入品　国産品より小ぶりで肩の張りが悪い

右：国産品　輸入品より大ぶりで肩も張って充実している

ため、皮をむきやすく使いがってがよく、食べてもホクホクした食感でおいしい。

安全で高品質のニンニクを出荷できれば、輸入品に十分対抗できる。食に対する消費者の関心は高まっている。最近は、安全なニンニクを出荷するため、生産者個人の栽培情報を確認できるシステムづくりの動きもみられている。

左：輸入品。りん片数が多く不ぞろいである
右：国産品。りん片数が少なくそろいが良い

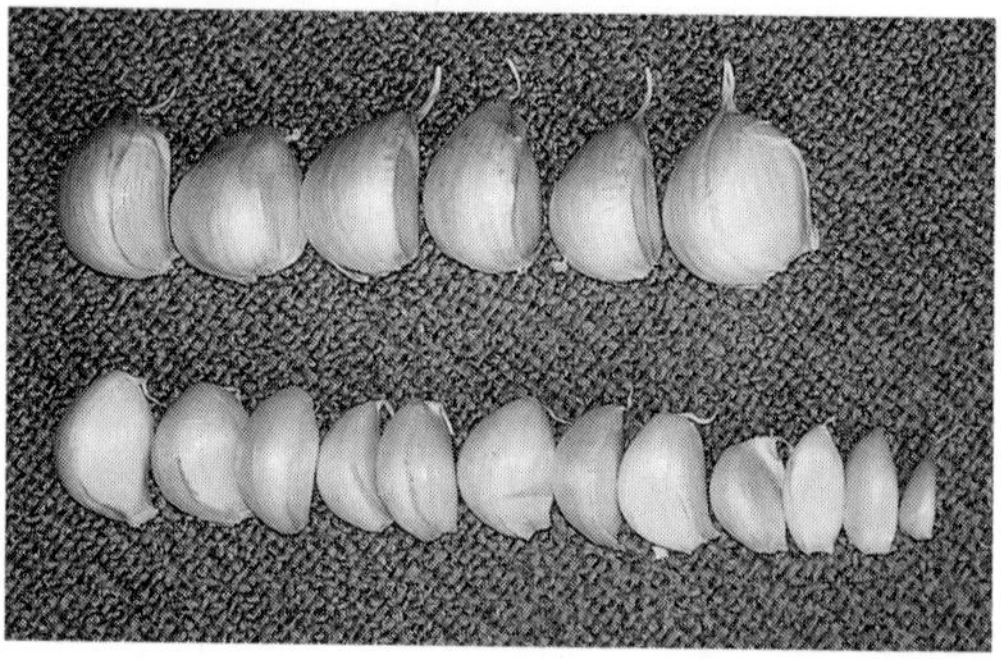

上段：国産品。りん片が大きく，形もそろっている
下段：輸入品。りん片数が多く，りん片が小さく，かなり形が不ぞろいである

図1－4　国産品と輸入品（中国産）のりん片の比較

しかし、国産品にはまだ及ばないものの、最近では中国産の輸入ニンニクも品質が向上してきている。これに対抗するためには、国産品の特徴である大球で調理性に優れている点や日持ちの良さ、安全性の高さなどをアピールして、市場はもとより消費者からも高い評価を得られるよう努めることが極めて重要である。

(2) 道の駅や直売所の活用

ニンニクの流通は、青果市場をとおしての販売が圧倒的に多く、流通コストが高くなっている。流通コストを下げるため、市場出荷以外に販売ルートを拡大することが大切である。

最近は、農協の産地直売所はもちろん、全国の幹線道路に道の駅が設置されている。これらの施設を積極的に活用して、販売ルートを広げ、流通コストを下げる努力が必要である。

(3) 加工で付加価値をつけて販売

輸入ニンニクに対抗するためには、青果物としての販売だけでなく、豊かな機能性を活かした加工品を開発することが大切である。

ニンニクと、地域に伝わるせんべいや味噌などの伝統食品を組み合わせて新しい加工品をつくれば、道の駅や農協直売所で販売でき所得の向上に役立つ。

これらの施設に、レストランが併設されていれば、地域の特色ある野菜などの食材と組み合わせて、新メニューの提供も可能となり、地域の振興にも寄与できる。

(4) 健康食品として機能性をアピール

ニンニクの広範囲にわたる機能性は、まだ十分知られていない。

販売にあたっては、血圧降下やコレステロール低下、動脈硬化防止の効果などの機能性を積極的に消費者に紹介することが、販売の拡大につながる。健康食品としての機能性を紹介したり、茎ニンニクや葉ニンニクの料理の仕方など、資料の掲示やパンフレットの配布、実演など、積極的にＰＲして消費の拡大をはかることが大切である。

5 ニンニク栽培を取り巻く環境

(1) ニンニク消費の動き

ニンニク全体の消費は、健康志向の高まりによって野菜としての利用ばかりでなく、加工品などの利用によって増加している。においをおさえたマイルドニンニク、酢やしょう油で味付けしてにおいを軽減させた加工品、ニンニクの有効成分を抽出して製造された健康食品など、いろいろな形態の商品が販売されている。

健康増進のためには毎日常用するほうが効果がでるから、においを処理した商品の人気は高い。

いままで、一般になじみの薄かった茎ニンニクもスーパーの店頭で目につくようになっている。料理への関心の高まりから、まだ生産の少ない葉ニンニクも今後注目されると思われる。

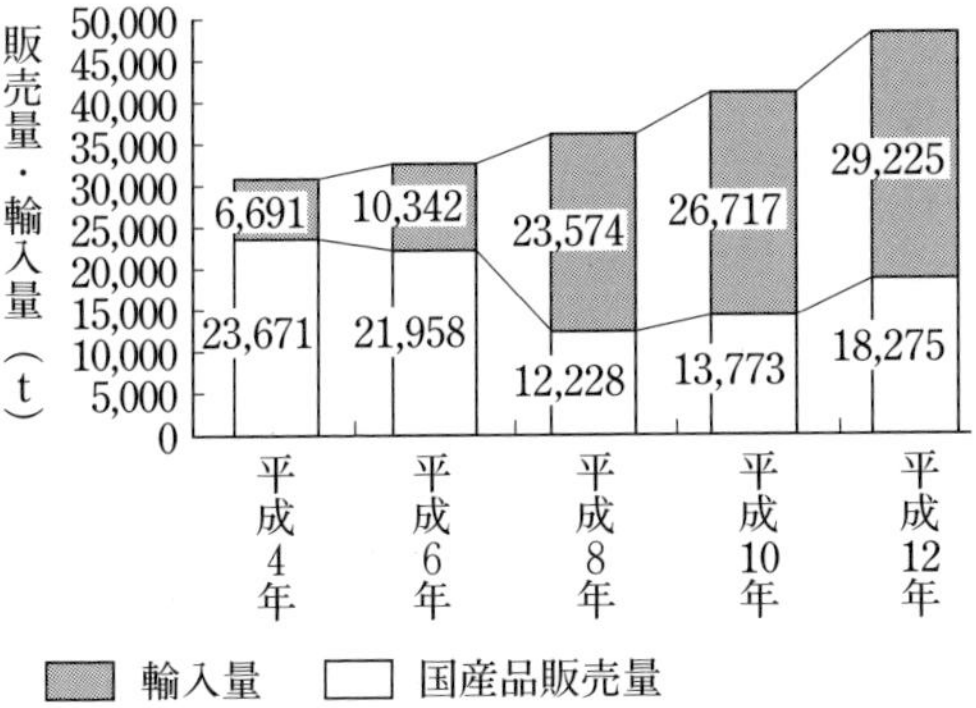

図1―5　球ニンニクの国産品販売量と輸入量の推移

平成十二年の国内品販売量と海外からの輸入量を合わせると、四万七五〇〇トンに達し、平成四年にくらべるとおよそ六割ほど増加している（図1—5）。

(2) ニンニク生産の推移

国内の作付面積は、昭和四十年代はじめは一七〇〇ヘクタール程度であったが、水田の減反政策が開始された昭和四十五年から、作付面積が増加しはじめ、昭和四十九年には三八〇〇ヘクタールとピークに達した。昭和五十年代から平成六年にかけては、三〇〇〇～三三〇〇へ

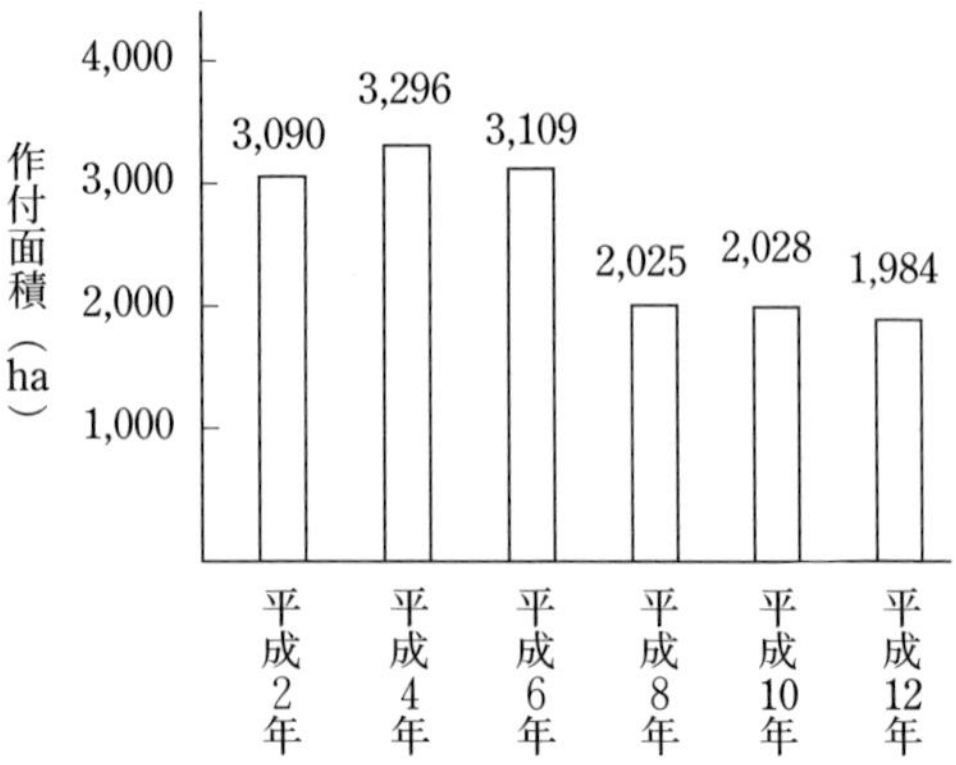

図1―6　球ニンニクの作付面積（全国）の推移

クタールの間で推移した。しかし近年では、農家の高齢化や労働力不足、外国からの輸入品の急激な増加などによって価格が低下したこともあって、作付面積は減少し二〇〇〇ヘクタール前後で推移している（図1―6）。

茎ニンニク、葉ニンニクは農林水産省の統計では「その他の葉茎菜類」に一括されているため細かい数字については把握できないが、茎ニンニクはおよそ八〇ヘクタール、葉ニンニクは二〇ヘクタールほどと推測される。

(3)　市場流通と最近の動向

①球ニンニクの流通量と価格

作付面積の減少により、国産ニンニクの販売量は減少しているが、逆に輸入量が大幅に増加し、全体の流通量は大きく伸びている（図1―5参照）。

平成四年には、国産品の販売量は二万三六七一トンに対して、輸入量は六六九一トンであった。しかし、平成十二年には国産品の販売量が一万八二七五トンと〇・六万トン余減少し、輸入量は二万九二二五トンとなり、国産品の約一・六倍に増加している。

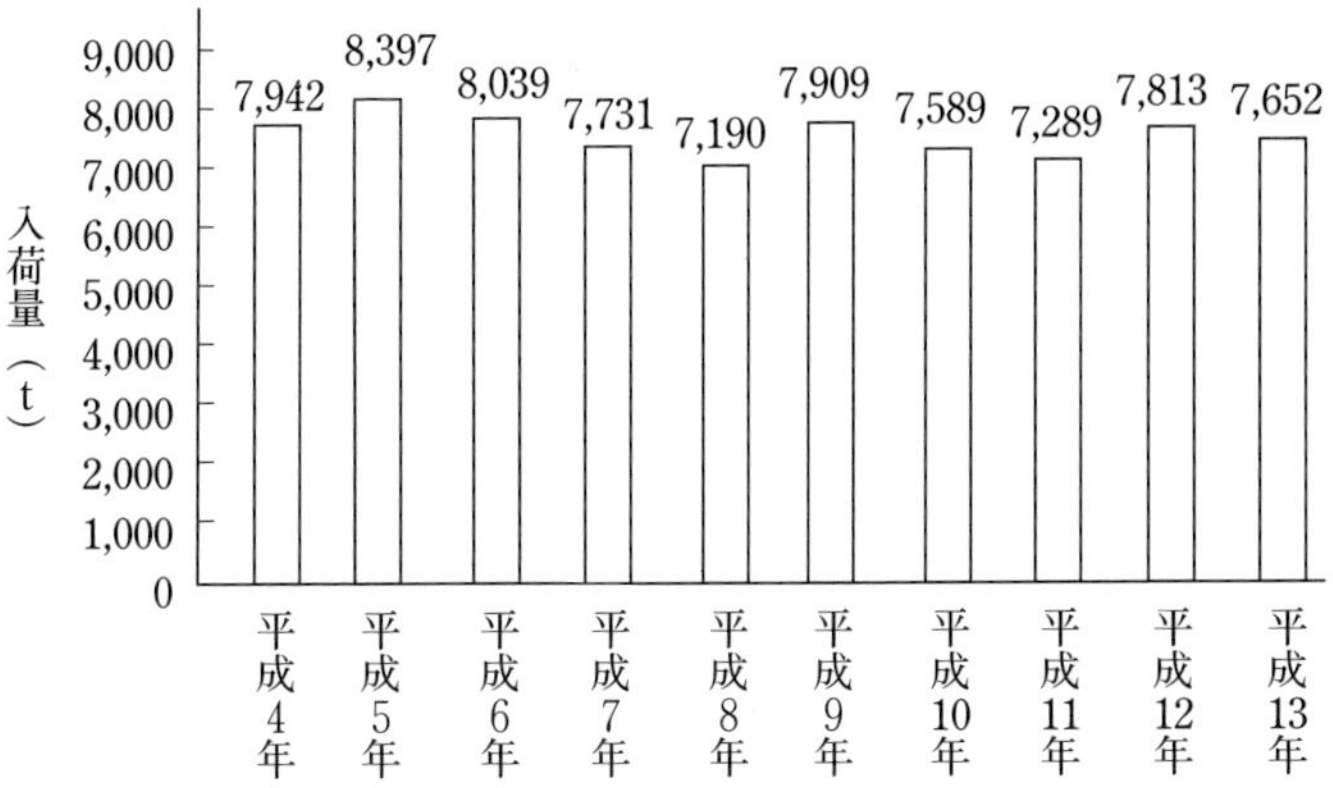

図1—7　ここ10年間の東京中央卸売市場への球ニンニクの入荷量の推移

東京都中央卸売市場へのここ一〇年間における入荷量の推移を表わしたのが図1—7である。平成四年以降の入荷数量の推移をみると、平成五年をピークとしてやや減少傾向がみられるが、輸入品が増加しているにもかかわらず減少程度は少ない。しかし販売価額では平成八年をピークに減少傾向が大きい。東京都中央卸売市場における、平成四年から平成十三年の一〇年間の一キロ当たり年平均単価をみると、三一八円から七〇六円の間で推移している。これに対し、輸入品は一キロ当たり七四円から一二七円の間で推移している(図1—8)。

このような輸入ニンニクの増加の背景には、野菜の輸入が自由化されたこと、円高を背景に商社が海外での日本向け野菜生産ビジネスへ進出したこと、国内での外食産業の広まりや食生活の変化したこと、などがある。

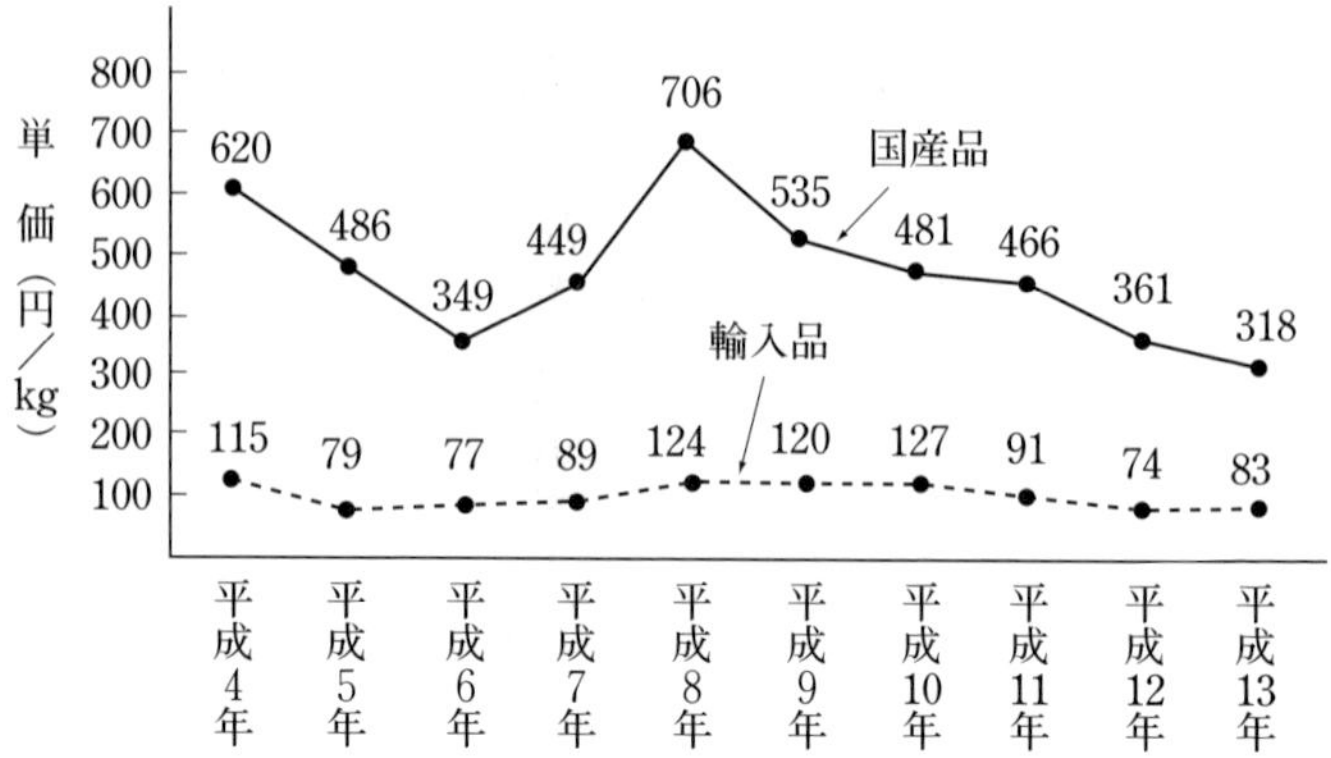

図1―8　球ニンニクの国産品と輸入品の年間平均単価の推移

国産品は東京都中央卸売市場の値
輸入品は価額/輸入量から産出

②主な産地の動向

主な産地は青森、香川、岩手、秋田、宮城、北海道などである。平成十年の販売量でみると、青森は一万三八〇〇トンで全国の約八〇%を占める。ついで香川が多く、残りを岩手、宮城、北海道などが占めている。寒冷地・寒地の産地では主に秋から冬、暖地では春から夏にかけての出荷が中心となる。主産地の青森では、一戸当たりの栽培面積が五〇アール以上の農家も多いが、他の産地ではこれより規模の小さい農家が多い。市場出荷では大球で球色は白いほうが好まれる。平成八年から平成十二年の五年間平均の東京中央卸売市場への月別入荷量は、気温の高い時期の入荷量が多い傾向にある（図1―9）。

また、平成八年から平成十二年の五年間平均の東京中央卸売市場での月別単価をみると、一キロ当たり四四五円から五七四円の間で推移しているが、青

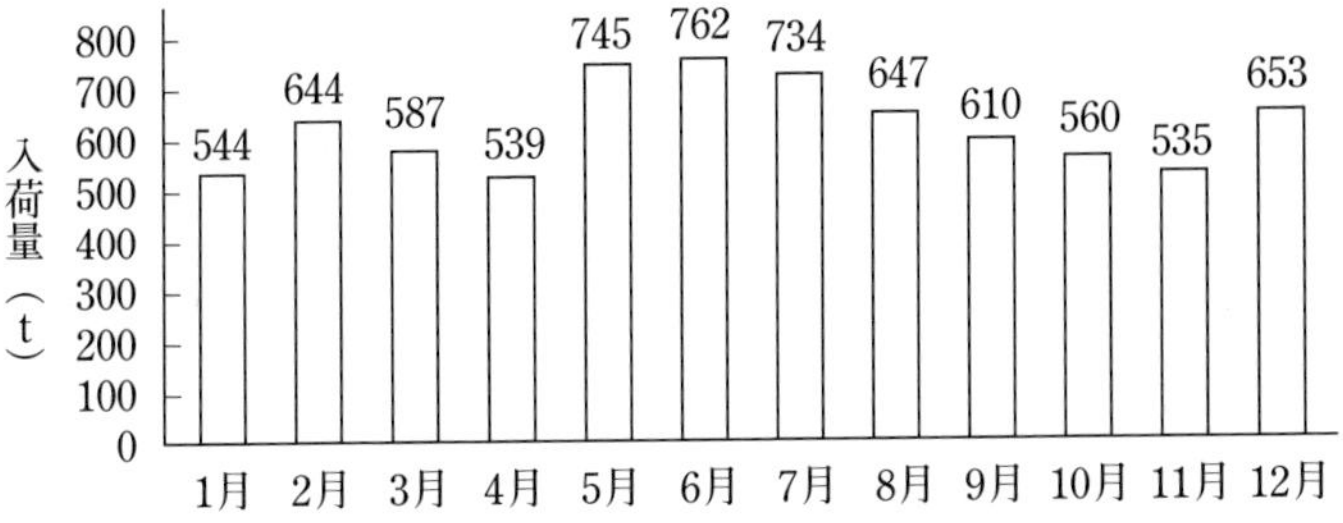

図1―9　東京中央卸売市場への球ニンニクの月別入荷量
（平成8～12年の5カ年の平均値）

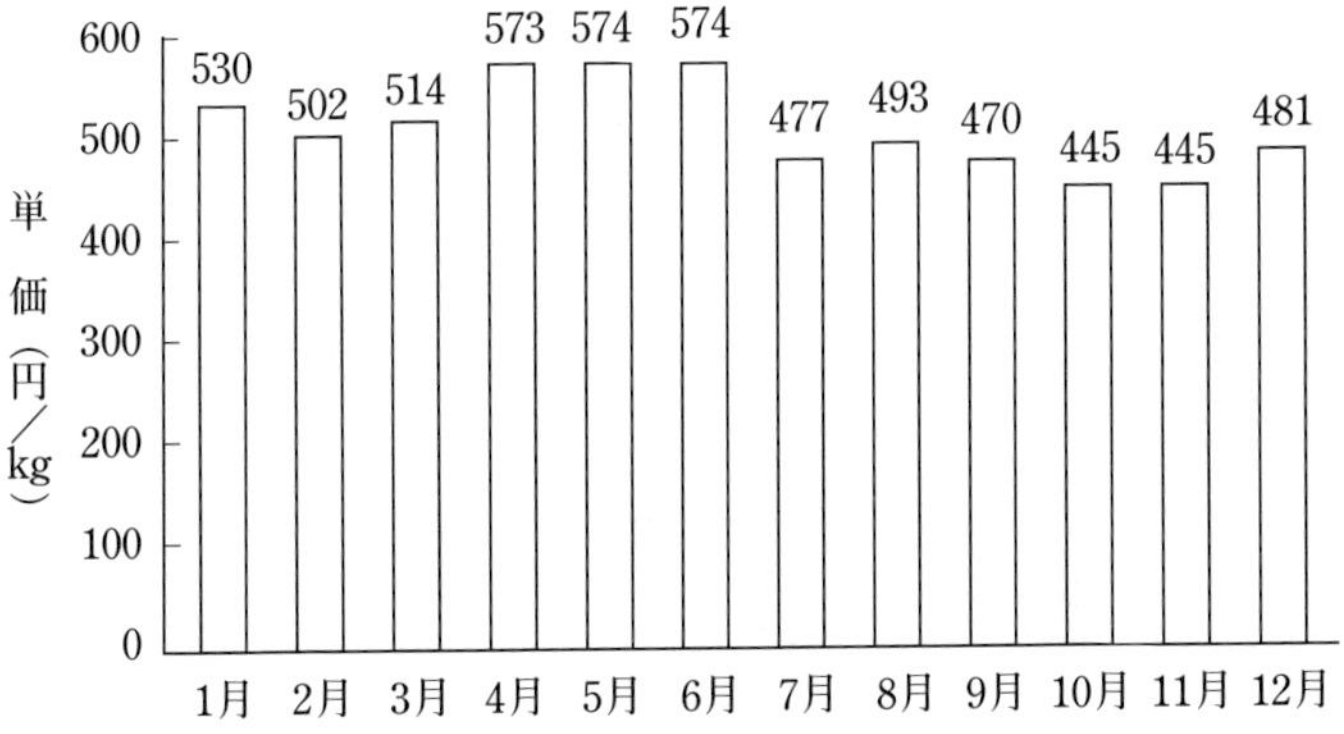

図1―10　東京中央卸売市場での球ニンニクの月別単価
（平成8～12年の5カ年の平均値）

森県産が出まわり流通量が増えはじめる七月以降は四〇〇円台で推移している（図1―10）。

③茎ニンニクの流通状況

東京中央卸売市場における平成八年から平成十二年の五年間における平均の年総入荷量は一三〇〇トン程度である。ここ五年間の入荷量の水準は安定しており、今後もこの傾向

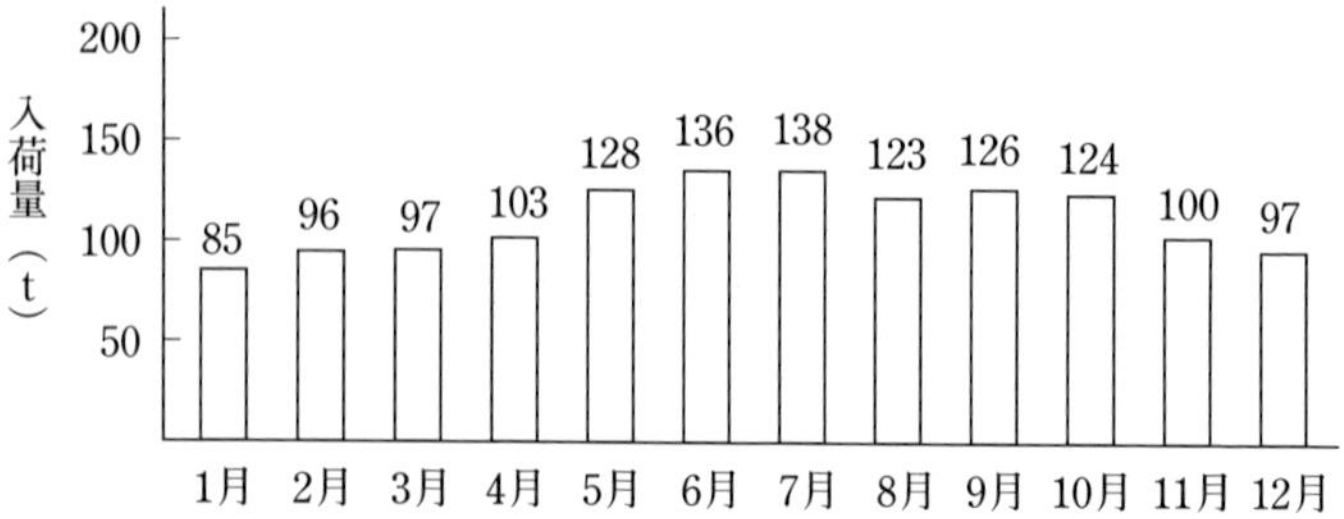

図1―11　東京中央卸売市場への茎ニンニクの月別入荷量
(平成8～12年の5カ年の平均値)

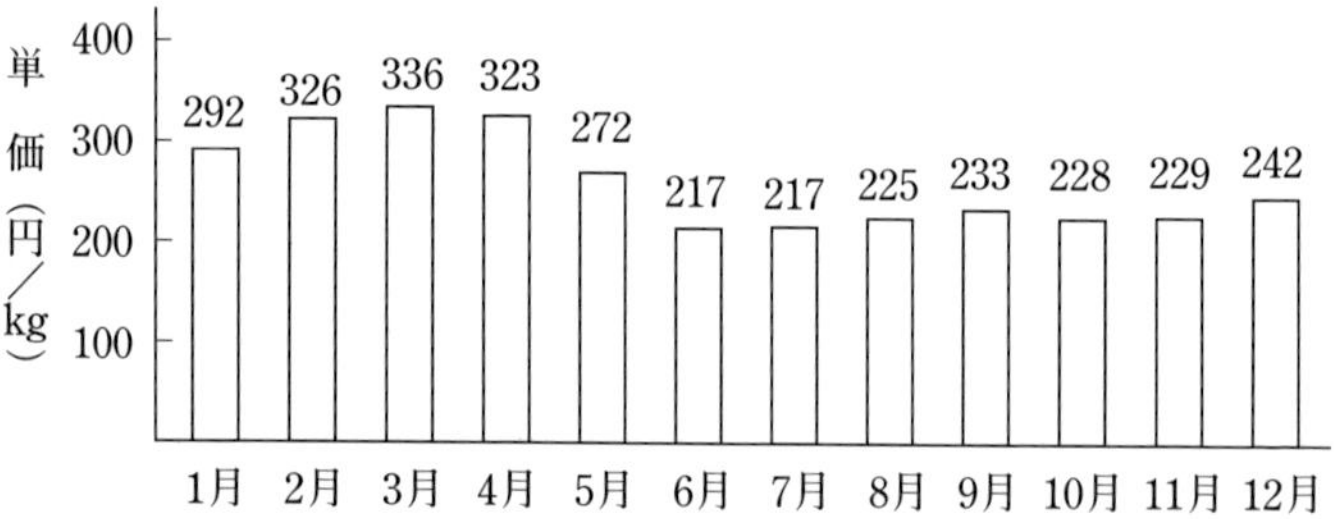

図1―12　東京中央卸売市場での茎ニンニクの月別単価
(平成8～12年の5カ年の平均値)

は続くものと思われる。

月別の入荷量をみると、八五～一三八トンの間で推移しており、気温の高い時期の五～七月に入荷量が多くなっている。(図1―11)。これは国内産の茎ニンニクが出まわる主な時期で、入荷量が増えている。

月別の平均単価をみると、一キロ当たり二一七～三三六円の間で推移しているが、出荷量が増加している五月から十月にかけては、二一七円から二七二円の間で推移している(図1―12)。

茎ニンニクはこれに加えて、

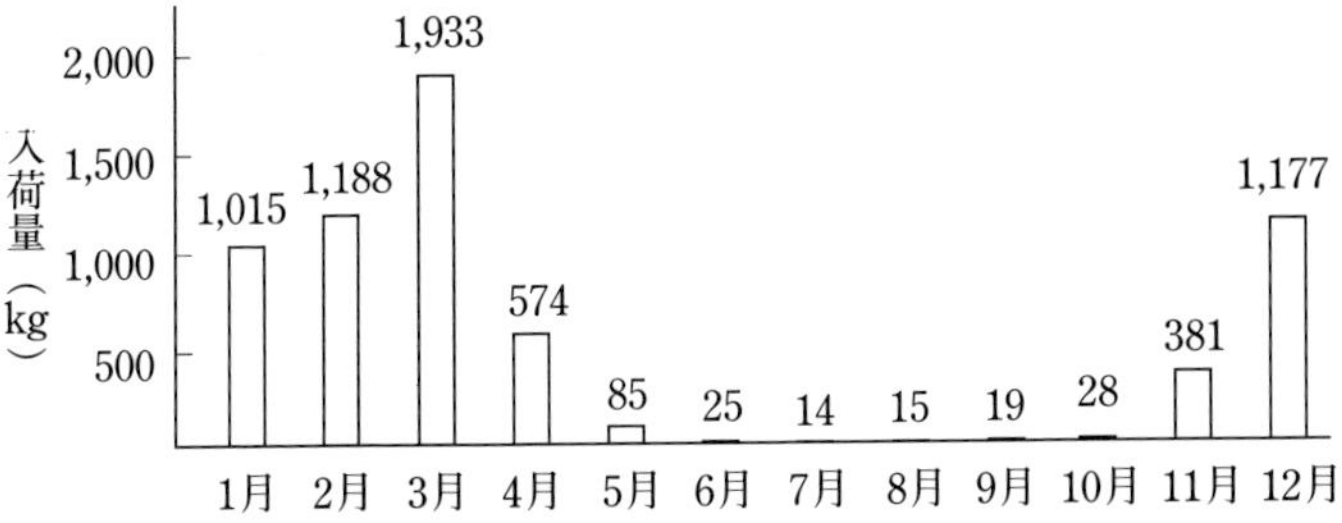

図1—13　東京中央卸売市場・T青果株式会社における国産葉ニンニクの月別入荷量（平成8〜12年の5カ年の平均値）

中国からの輸入品が輸入統計上では「リーキその他のねぎ属のもの（生鮮）」として約五五〇〇トン（平成二年）が輸入されている。したがって、実際の流通量は東京中央卸売市場取扱量の数倍あると推定される。

茎ニンニクの生産量は、球ニンニクの主産地の青森県は少なく、暖地や温暖地の産地である香川県などでの栽培が主体である。

④葉ニンニクの流通状況

葉ニンニクはほかの葉物野菜と同様に鮮度が大切である。このため、東京中央卸売市場での取扱量をみても、夏場を中心として気温が高く鮮度の低下が激しい五〜十月の入荷量は少ない傾向がある（図1—13）。産地の規模も小さいため地元市場や直販による地場消費が中心になっていると思われる。

東京中央卸売市場の最大手の卸売会社に入荷した、国産の葉ニンニクの平成八年から平成十二年の五年間における年間平均入荷量は、約六四〇〇キロである。

主な産地は、千葉、東京、青森、高知などであり、年次によっ

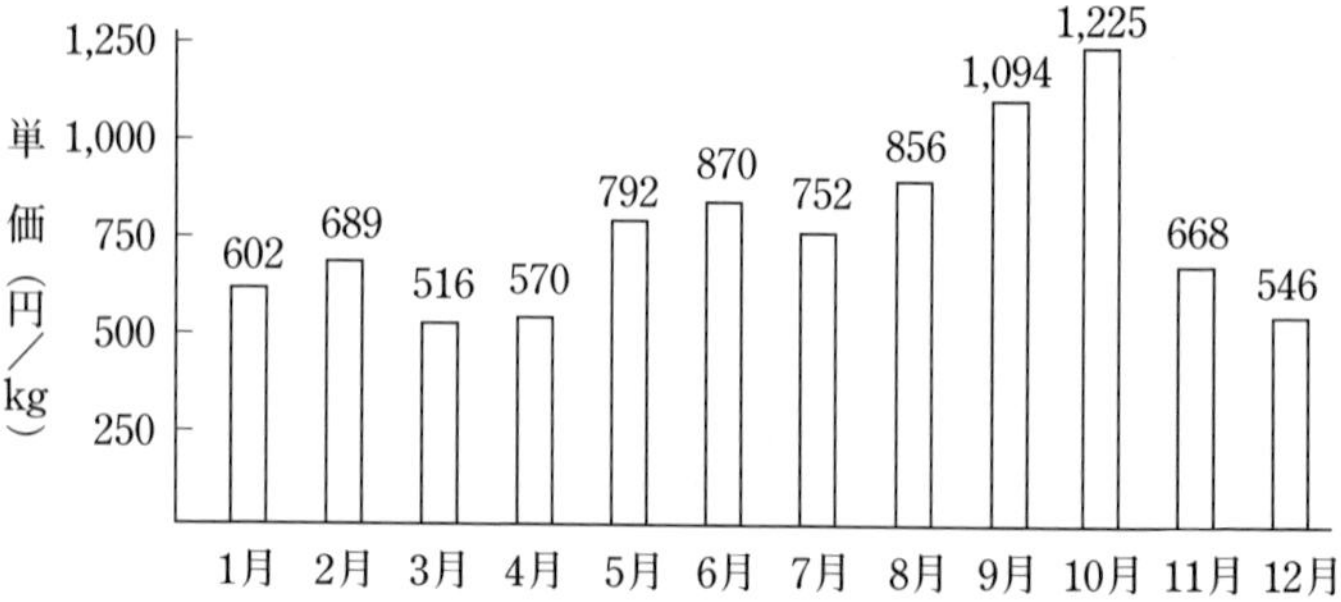

図1―14　東京中央卸売市場・T青果株式会社における国内産葉ニンニクの月別単価（平成8～12年の5カ年の平均値）

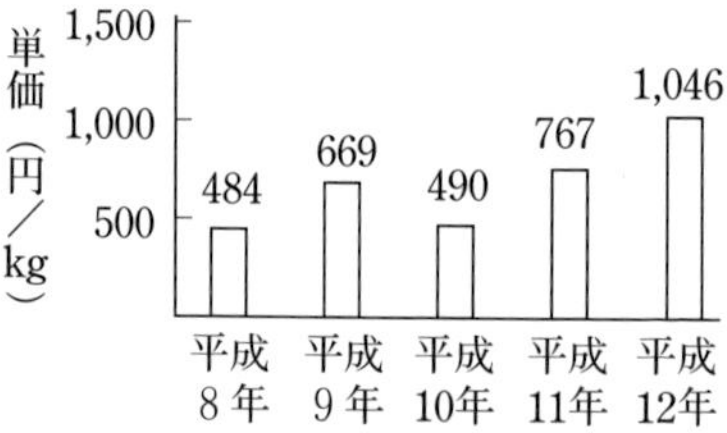

図1―15　東京中央卸売市場・T青果株式会社における国内産葉ニンニクの年平均価格の推移

て差があるもののほぼ周年供給されている。これらの産地のうち千葉の入荷量が全体の九〇%を占める。

平成八年から平成十二年の五年間における月別の一キロ当たりの単価は、五一六円から一二二五円のあいだで推移している（図1―14）。平成八年から平成十二年の五年間の一キロ当たりの年平均単価を年次別にみてみると、四八四円から一〇四六円と年によって変動が大きい（図1―15）。

第2章

ニンニクの基礎知識

1　ニンニクはこんな植物

(1) 植物的な特徴（表2―1）

ニンニク（*Allium sativum* L.）はユリ科、ネギ属の多年草の単子葉植物で、タマネギ、ネギ、リーキ、アサツキの仲間である。原産は中央アジアと推定されているが、紀元前から人々に食用として栽培され、アジア、ヨーロッパ、アメリカなど世界に広く分布している。日本においても寒地の北海道から、亜熱帯の沖縄まで、全国的に分布しており、各地で栽培されている（図2―1）。

ニンニクは、地中に普通六～一二個程度のりん片でりん茎を形成する。ただし、品種の特徴により、りん茎を形成するりん片数はことなり、なかには二〇個ほどのりん片からなるものもある。また、りん茎やりん片は絹白色や帯紅色の保護葉に包まれているが、その色も品種によってことなる。

ニンニクの地上部も、それぞれの品種の特性によって花序を形成するものとしないものがある。花序を形成するものの抽だいした時期の草姿は図2―2である。花茎の高さは長いものでは九〇センチにも達する。花茎の先端には長さが八～一〇センチの総苞が形成される。総苞の中には花と数個の小さい珠芽（むかご）が混在している。花は先が細くてとがって膜のような大きい総苞にとじ込められ

表2―1　ニンニクの特徴

分布，形状成分などの特徴	分　布	日本全国，世界中に広く分布
	科・属名	ユリ科，ネギ属
	形　状	多年草で地下に6〜12個のりん片からなるりん茎をつくる。花茎をふくむ草丈は60〜90cm程度。茎の先端には花と珠芽をもつ苞をつけるが，花は実を結ばない
	栄養・機能性成分	においのもとであるアリシンは強い殺菌力がある。香辛料・強精剤として利用される
生理・生態的特徴	生育適温	気温15〜20℃が適する
	温度・日照への反応	生育は25℃を超えると抑制される。りん片分化後は多日照を好む
	土壌適応性	好適pHは6.0〜6.5，肥沃な排水のよい土を好む
	休眠性	寒地型の品種は深く，暖地型の品種は浅い
栽培からみた特徴	優良種苗	ウイルス病のない種苗を選ぶ
	土づくり・施肥	肥料を十分施用して根張りのよい体をつくるのがポイント。球肥大期の肥料不足に注意
	主な病害	さび病，葉枯病

ているため、花を咲かせることはむずかしく、ふつう実を結ばない。

ニンニクの繁殖はりん片もしくは珠芽の無性繁殖（栄養繁殖）によっておこなわれる。珠芽は土の上に落ちると新しい植物体となり、りん茎に生長するまでに二〜三年かかる。珠芽によって繁殖することは理論上は可能ではあるが、まったく人間の手を加えない野生のような状態では、冬の

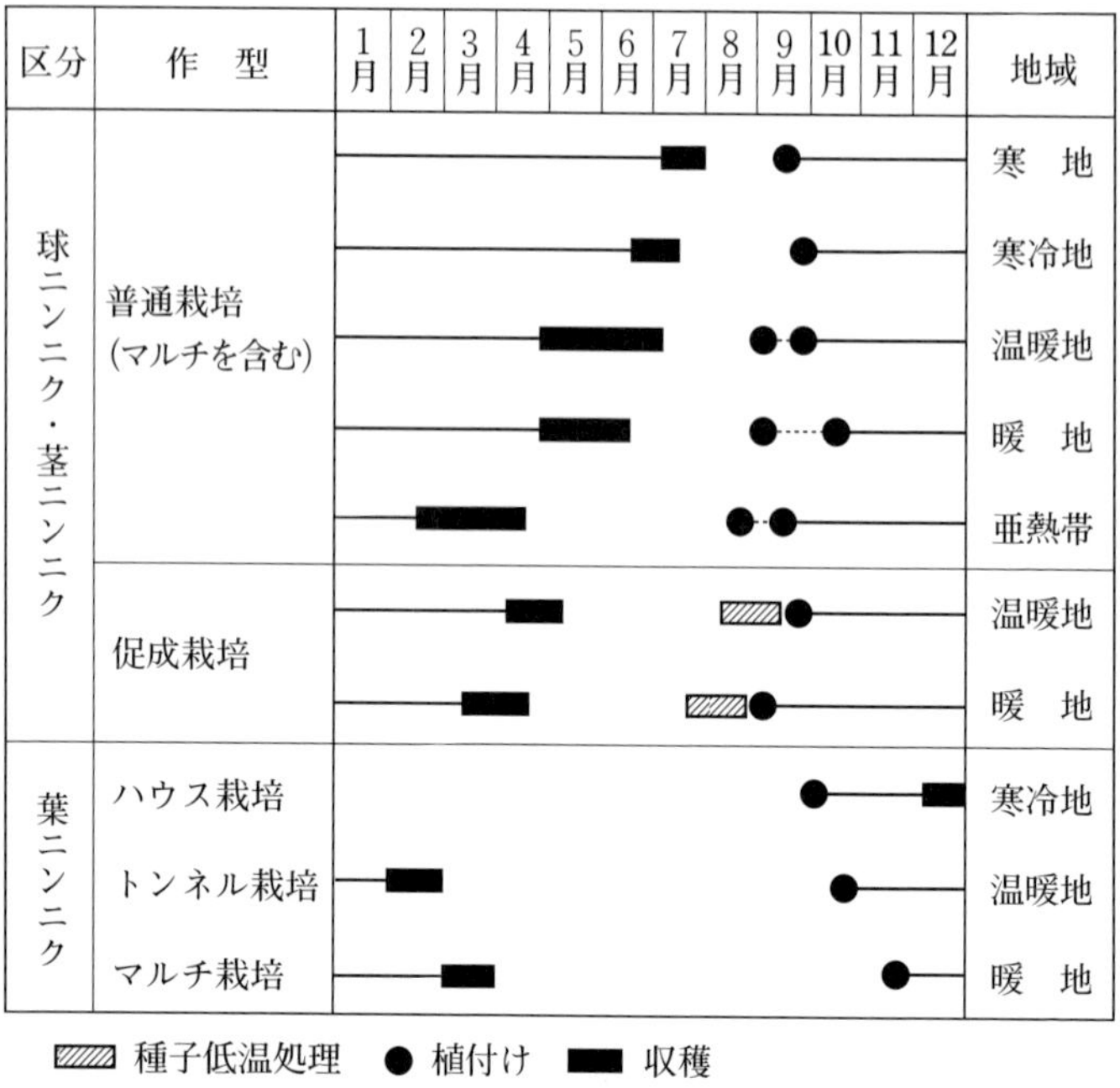

図2―1　ニンニクの主な作型と地域

寒さで枯死してしまう。そのため、野生の状態ではりん茎が翌年さらに生長してりん片の数を増やし、生育をつづける。ニンニク栽培ではこのりん片を種子と呼び、畑に植え付ける。

(2) 各部位の形態とその特徴

①りん茎（球）とりん片

りん茎は、りん球とも呼ばれ、花茎と花茎の回りの複数のりん片で形成されている（図2―3）。

ニンニクは花茎の分化が始まると、およそ二～三週間で地下

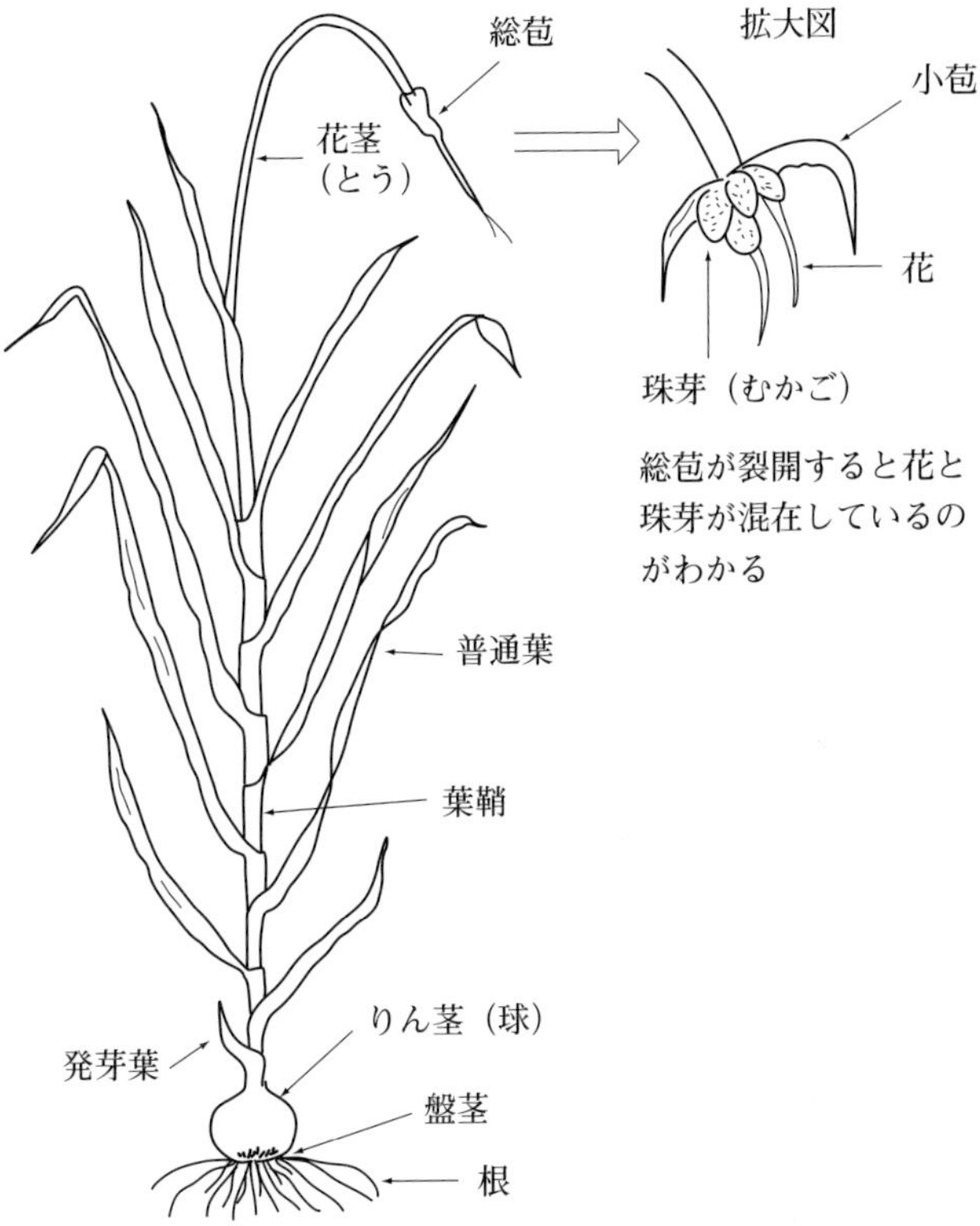

図2—2　ニンニクの姿と各部位の名称

部の葉鞘基部がしだいに肥大し始める。

りん茎を形成するりん片の数は品種によってことなるが、普通、花茎を中心に数個から十数個のりん片が形成される。りん茎は収穫期になると直径五〜一〇センチほどの大きさに肥大する。

りん茎の色は薄い褐色、薄い赤色や白色など品種によってことなる。また、り

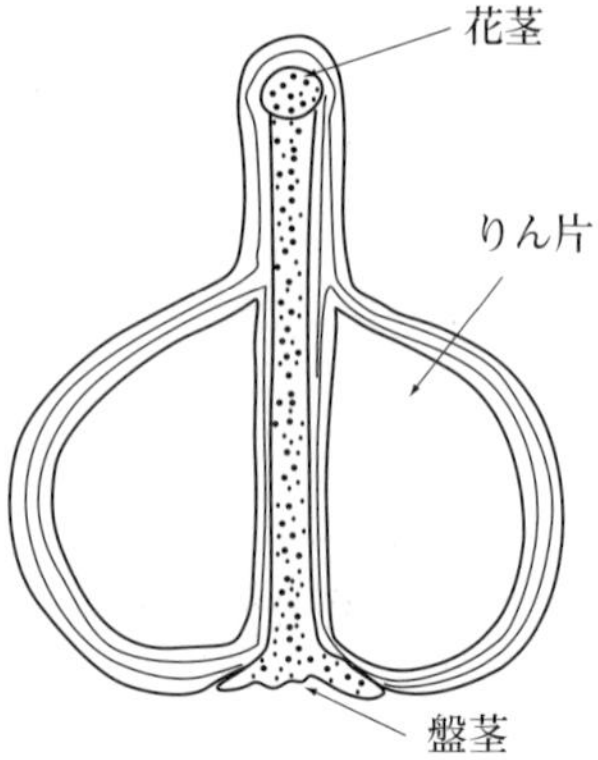

図2―3　りん茎の構造

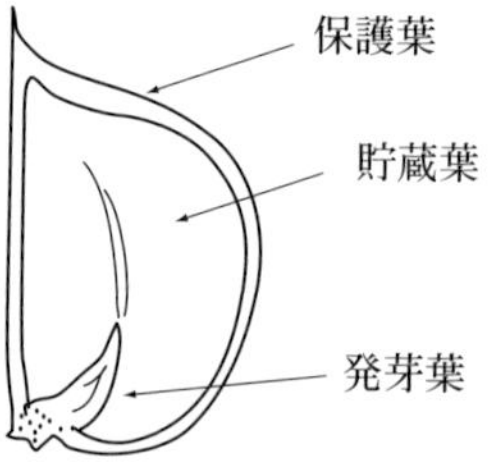

図2―4　りん片の構造

ん片の色も球色と同様に、品種の特徴があり白、赤褐色、薄桃色、赤紫色などを呈する。

りん片の構造は「貯蔵葉」、「保護葉」、「発芽葉」の三つに区別することができる（図2―4）。「貯蔵葉」は食用になる白い部分を指し、その貯蔵葉を包んでいる薄い膜のような皮が「保護葉」である。りん片は収穫後に一～二カ月間の休眠からさめて発根し、芽を出し生長をはじめる。その芽が「発芽葉」で、発芽葉は葉身が発達していないため、先端が丸い円筒状の形をしている。

②根

ニンニクには他のネギ類と同様に直根はなく、多数の繊維根を盤茎から発生させる（図2―5）。根は太くやわらかく、あまり枝分かれせず、深さ一〇～三〇センチの比較的浅い土層に分布するため、

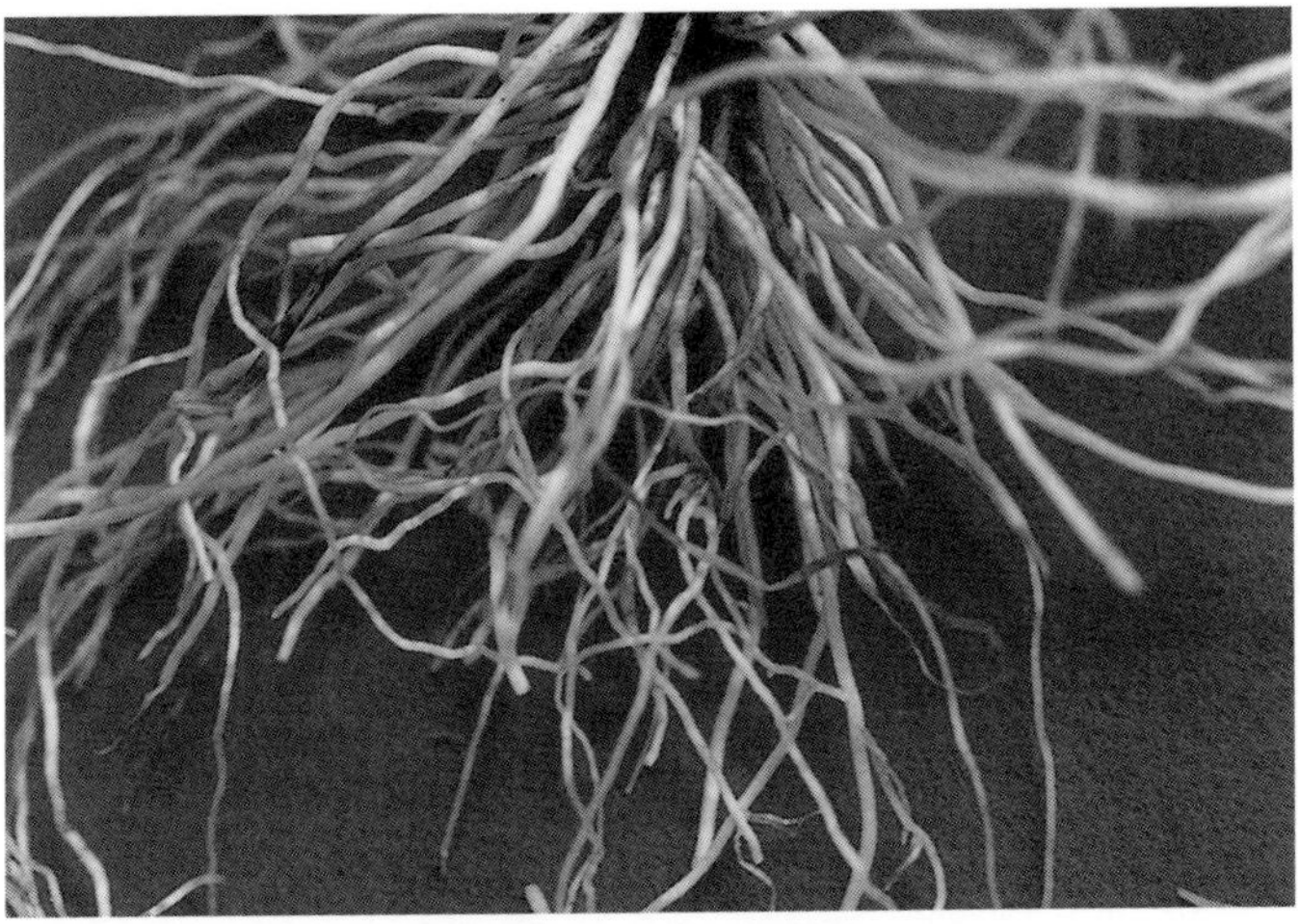

図2—5　ニンニクの根

根は盤茎から発生し，繊維根であまり枝分かれしていない

干ばつには弱い。また、ニンニクの根は生育障害や病虫害などの原因で損傷を受けると、再生が難しい。したがってニンニク栽培では移植や中耕は向かない。

りん片を植え付けて一〜二週間は根の伸長はゆるやかである。土壌の温度と水分が満たされ生育に適した環境になると、盤茎部の付け根から新根を盛んに発生させるようになる。

萌芽してもしばらくの間はりん片の貯蔵葉からの栄養によって生長がすすむ。貯蔵葉の養分がなくなるにしたがい、根は発達して養水分の吸収を始める。

発芽後から越冬中は、地上部の生育は緩慢であるが、根は秋のうちはよく伸びる。越冬前に根量をきちんと確保しておくと、越冬中の寒害の発生が少なく、越冬後の生育スタートも順調である。ニンニクは、一般に根量が多い株ほど、地上部の生育量も多くなる。

越冬後は、地上部の生育と球の肥大を支えるため、収穫直前の夏ごろまで根量を増大させる。

③葉

葉は他のネギ属植物と同じく葉鞘と葉身に分かれている。葉色は緑色や薄緑で、葉身はへん平である。収穫期までに分化する葉数は品種によってことなるが、およそ一〇～一四枚の品種が多い。

植付け後、最初にでてくる葉は発芽葉である。発芽葉は長さが五～一〇センチで葉身部は発達しない。発芽葉につづいて普通葉がでてくる。葉は日中に同化作用をおこない、りん茎の肥大などの生長に必要な養分や水分を供給する。したがって、葉が病気にかかって枯死したりすると、十分な養分や水分を供給できないため、大球生産が難しくなる。そのため、栽培中は、収穫まで葉を健全に生育させることが大切である。

④花茎（とう）

外観的には花茎は、生育の後半に最終葉の葉鞘内部から伸長してくる。品種によって花茎の伸長の程度に差があり、長いものでは一メートル前後、短いものでは数センチである。花茎が葉鞘内にとどまる品種もあり、それらは茎ニンニク栽培には適さない。

花茎の色は緑色や薄緑で、茎の内部はち密である。伸長した花茎は「ニンニクの芽」と呼ばれ野菜として利用されている。

2　発芽から収穫までの生育サイクル（図2―6）

(1) りん茎の休眠から発芽までの条件

ニンニクは、球肥大期をすぎると葉は枯れて、地下部のりん茎は一般に高温で休眠に入る。休眠の時期は七月上旬から九月上旬の一～二カ月程度であるが、品種によってことなる。休眠期間は一般に暖地型の品種では短く、寒冷地型の品種では長い。また、品種によっては休眠のないものもある。

自然状態で休眠がさめるのは、おおよそ八月中旬から九月上旬である。休眠がさめるには、りん片がある程度の低温にあたる必要がある。休眠がさめたりん片を植え付けると、先に根が動きだし、それから芽が動きだして萌芽が始まる

秋に植付け後、一～二週間で根が伸長し始め、その後に発芽葉がでて萌芽が始まる。完全に萌芽するまでは、二〇日程度の日数がかかる。

芽の出方は品種によって差がみられ、一般に暖地型の品種はいっせいに芽がでてくる品種が多く、寒地型では萌芽が不ぞろいで日数がかかる傾向がみられる。

生育経過

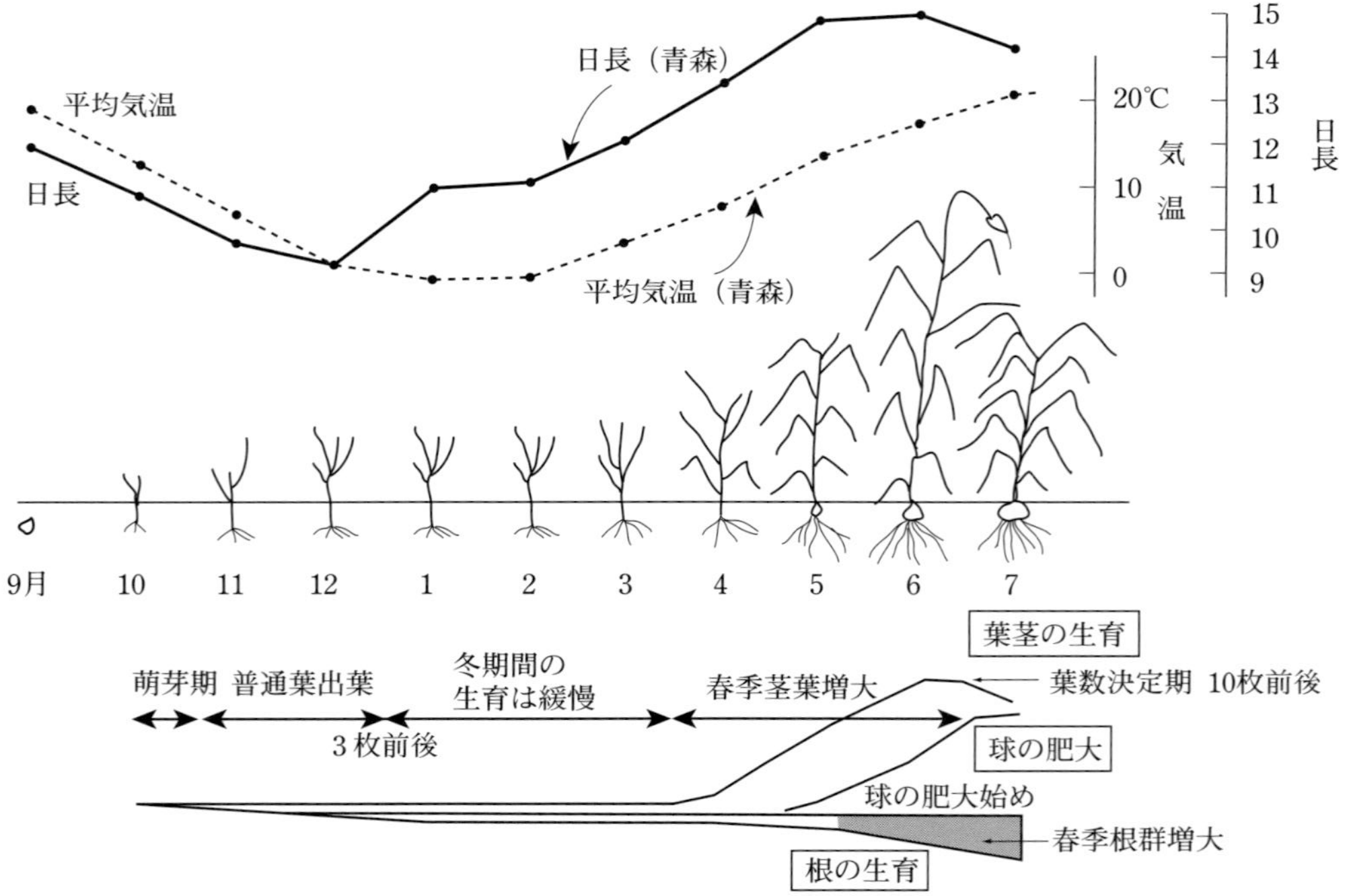
平均気温
日長
日長（青森）
平均気温（青森）
20℃
10
0
気温
15
14
13
12
11
10
9
日長
9月
10
11
12
1
2
3
4
5
6
7
葉茎の生育
萌芽期
普通葉出葉
3枚前後
冬期間の
生育は緩慢
春季茎葉増大
葉数決定期 10枚前後
球の肥大
球の肥大始め
春季根群増大
根の生育

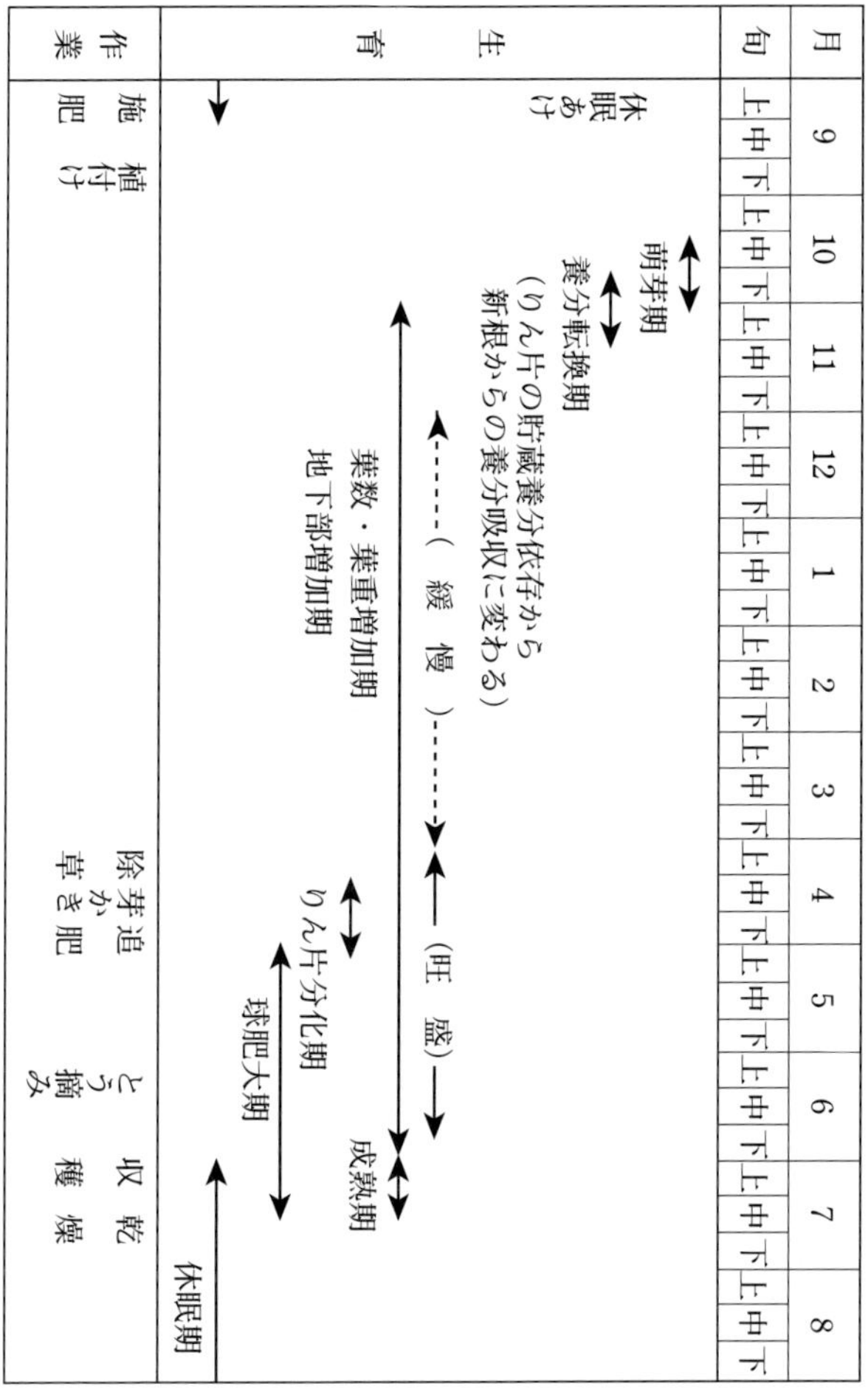

図2−6　球ニンニクの生育と作業（寒冷地の事例）

(2) 発芽から越冬までの生育と特徴

萌芽後、発芽葉の内側から普通葉の第一葉が二〜三週間後でてきて葉身が展開する。萌芽後しばらくの間は、貯蔵葉中の養分によってニンニクは生育する。普通葉の第一葉がでてくるころから、地温や水分が満たされるにしたがって発根がしだいに盛んになり、新しい根から養分を吸収するようになる。

萌芽し生育をはじめたニンニクは、冬の寒さによって生育が停止するまで、生長点で葉を分化させながら栄養生長を続ける。ニンニクの生育適温は一五〜二〇℃で、普通葉が展開してからは耐寒性や耐暑性はあまり強くない。

寒地の北海道や寒冷地の東北地方では冬期間、外観的にはほとんど生育を停止している。年内の生育量はさほど多くなく、普通葉が寒冷地では二〜三枚、暖地では四〜六枚、草丈は二〇〜四〇センチほどである。越冬前に普通葉がその程度確保できていれば、その後の生育も問題はない。

(3) 越冬後から収穫までの生育と特徴

越冬後、春の気温の上昇と日長が長くなるとともに、ニンニクの生育はふたたび旺盛となる。地上部はおよそ二〜三週間に一枚程度のペースで葉数を増加し、草丈も大きくなる。地下部も地上部の生育を支えるために、根群も盛んに増大をはじめる。

冬の低温で花茎やりん片の分化の準備をすませたニンニクは、気温が上昇し日長が長くなるにつれてまず花茎が分化し、さらにその周囲の数葉の葉腋にりん片も分化をはじめる。

やがて球肥大期の中ごろから後半には抽だいが始まり、りん茎は盛んに肥大して、花茎基部のまわりには数個のりん片を形成するようになる。とくに、りん片分化後は多日照を好むようである。

りん茎が成熟期をむかえるころになると下の葉がしだいに枯れ始め、りん茎は肥大のピークをむかえ、まもなく収穫適期になる。

寒冷地の品種では、球の肥大が十分進まないうちに、二五℃以上の高温になると生育が停滞して草勢は弱まったり、雨が続くなどで多湿になってさび病が発生して葉が枯れてしまったりすると、大きな球を生産できないことになる。したがって、球肥大期には植物体を健全に維持するため肥培管理などの注意が必要である。

3　りん片の分化とりん茎の生長

(1)　花茎が分化してから新しいりん茎ができる

ニンニクの花茎の分化は、一般に低温にあうことによって開始されるため、冬期間の寒さに長い間さらされる必要がある。

ニンニクは冬から春にかけて外観的には生育を停止させているが、五℃以下の低温にさらされることで春先までに生長点に花茎を分化する準備が整い、それによってりん片分化の準備も整う。したがって、一般に冬の低温はりん茎の形成には不可欠である。

花茎が分化するための低温要求量は品種によってことなる。福地ホワイトなどの寒冷地で栽培される品種は低温要求量が多く、遠州極早生などの暖地で栽培される品種では低温要求量が少ない。

したがって寒冷地の品種を暖地で栽培すると、冬も比較的暖かく低温の期間が短い暖地では低温要求量が満たされないため、りん片の分化が遅れて十分な生育期間を確保できず、小さなりん茎になってしまう。

ニンニクの促成栽培では、植付け前に種球の低温処理がおこなわれる。これは適度の低温を与えることで短期間に花茎の分化に必要な低温要求量を満たして、りん茎の分化を早めるためにおこなわれる。

(2)　花茎を中心にして複数のりん片がりん茎を形成

花芽の分化とほぼ同時期に、りん片の分化がはじまる。茎にとなりあった数枚の葉腋に、それぞれ数個のりん片をつける（図2―7）。

りん茎を形成するりん片数は、品種の特性によってことなる。寒冷地の品種はおよそ六個前後（図2―8）、暖地の品種はおよそ一二個前後（図2―9）であるが、栽培地域や栽培方法によっても変動

図2―7　りん片が分化した株の姿
りん片が形成され球の肥大が外観的にわかる

図2―8　寒地型品種のりん片の着き方

図2―9　暖地型品種のりん片の着き方

する。

りん片の肥大には、ある一定の温度と日長が必要である。寒冷地の品種は一五～二〇℃の温度条件でよく肥大するが、暖地の品種は寒冷地の品種より二～三℃高い一八～二三℃の温度条件でより肥大がすすむ。

日長に対する反応は寒冷地・暖地の品種とも大きな差はないと考えられ、一四～一五時間の日長条件でよく肥大し、長日下ほど有利にすすむようである。

4　抽だいのしくみ

(1)　品種によって抽だいの姿がことなる

ニンニクの抽だいは、品種によってその姿がことなる。

抽だいには完全抽だい、不完全抽だいの二つのタイプがある。完全抽だいは花茎が長く伸長して完全に葉鞘の外にでてくるタイプで、富良野、遠州極早生、上海早生、壱州早生などがそうである。不完全抽だいは花茎が短くて、葉鞘やりん茎の中やすぐ上で伸長が止まっているタイプで、沖縄早生がこれに属する。不完全抽だいのうち、とくに花茎がほとんど伸びずりん茎内で停止したものは球内座

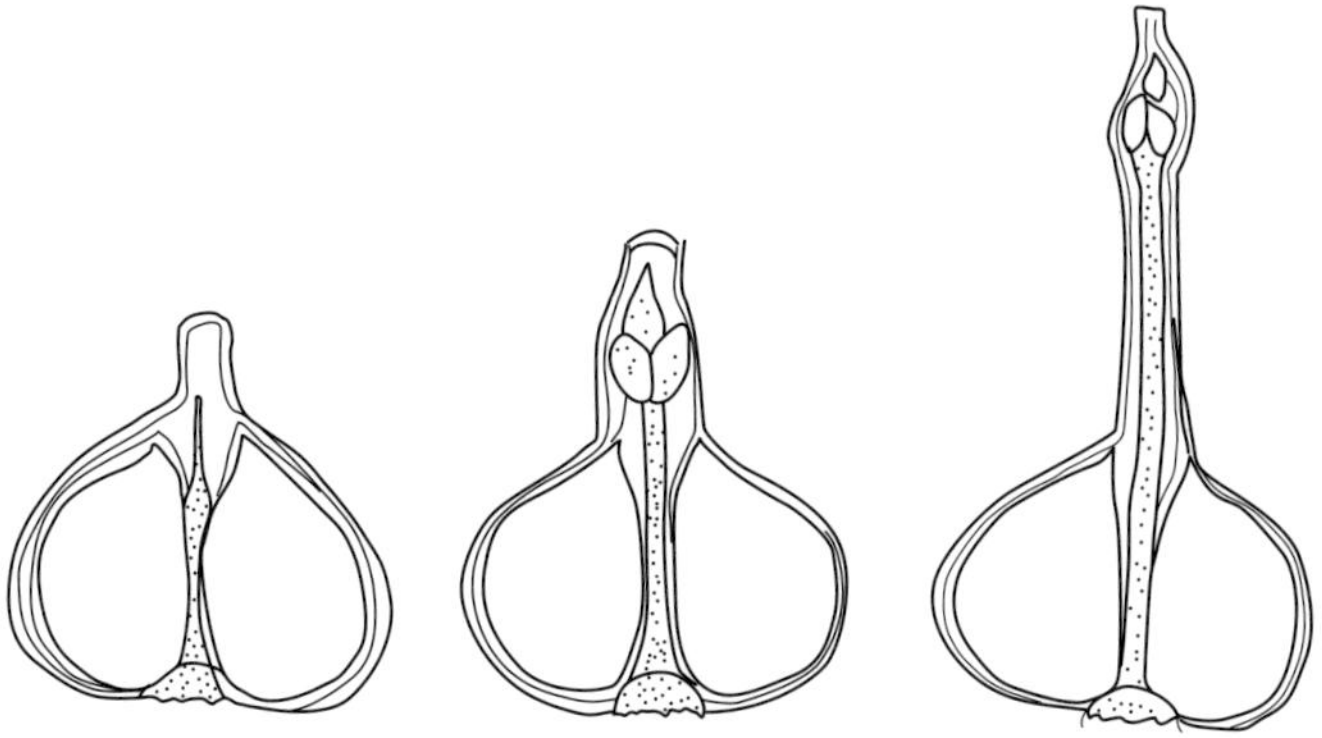

図2—10　不完全抽だいした球の姿

止、花茎がりん茎のすぐ上で停止したものはダルマ、葉鞘の中で花茎の伸長が停止したものは葉鞘内座止と呼ばれる（図2—10）。

また、品種によっては種子として使うりん片の大きさによって抽だいの姿がことなることもある。たとえば、福地ホワイトは不完全抽だいタイプであるが、一五グラム以上の大きいりん片を種子として使うと、球内座止するりん茎の発生が多くなることがある。

なお、完全抽だいタイプの品種は、伸長してきた花茎を摘んで茎ニンニクとして出荷することもでき、球ニンニク栽培だけでなく茎ニンニク栽培にも利用できる。

(2)　抽だいと球の肥大の関係

抽だいは球の肥大と並行しておこなわれる。

抽だいがはじまると花茎の伸長にも栄養が取られるため、りん茎への栄養の供給は少なくなる。花茎の伸長をそのまま放置しておくとりん茎は肥大が悪く、小さくなる。したがって、球ニンニク栽培では、完全抽だいタイプの品種では、とう摘みの作業が必要となる。

花茎の先端がりん茎の中で停止して球内座止すると、収穫時には球の形がくずれて形状が悪くなり、品質の低下をまねく原因となる。また、花茎の先端がりん片の頭の上で停止すると、ダルマ球になる。ダルマ球の発生を少なくするには、大きすぎるりん片の使用をさけるとともにチッ素の過剰施用を避ける。

5　いろいろある品種

(1)　大きく分けて三つのタイプ（表2―2）

わが国で栽培されているニンニクの品種は、大きく寒地型、暖地型、低緯度型の三つに分類することができる。

●寒地型

寒地型ニンニクは、主に北海道や東北で栽培されている品種である。青森県で栽培されている福地

表2－2　ニンニクのタイプと品種

タイプ	品　種　名
寒地型	福地ホワイト，富良野，岩木，八幡平，ホワイト山形
暖地型	上海早生，壱州早生，佐賀在来，高知在来
低緯度型	沖縄早生，遠州極早生，鹿児島在来，与論島在来，大島在来

ホワイトや北海道で栽培されている富良野と呼ばれる品種が代表的なものである。草勢は富良野が福地ホワイトより強く、草姿はともに開いた姿である。草丈は富良野が高く、福地ホワイトは中位である。寒地型の品種は、冬期間は生長が緩やかで、寒さが厳しい時期は生育が停滞するタイプである。

●暖地型

暖地型ニンニクと呼ばれているものは、四国や九州などで栽培されている品種で、壱州早生や上海早生などがある。上海早生は草勢が強く、壱州早生は中位である。草姿はともに中程度であるが、草丈は上海早生が高く、壱州早生は中位である。上海早生は暖地では冬期間も生長が継続するタイプであるが、壱州早生は中間のタイプである。

●低緯度型

低緯度型と呼ばれているものは、沖縄で栽培される沖縄早生や静岡で栽培される遠州極早生などの品種である。これらは一般に草勢が弱く、草姿は開～立の姿で、草丈は寒地型や暖地型より低いが、冬期間も生長を続けるタイプである。

表2−3　ニンニクの主な品種と特徴

分類		代表的品種	早晩性	抽だい長(cm)	りん片数	保護葉の色
品種のタイプ	休眠性					
寒地型	極深い	福地ホワイト	極晩生	短(5〜30)	6個前後	白
	極深い	富良野	極晩生	極長(70〜90)	6個前後	赤褐
暖地型	中程度	上海早生	早　生	極長(70〜100)	12個前後	白
	中程度	壱州早生	中　生	長(40〜70)	12個前後	白
低緯度型	なし	沖縄早生	極早生	極短(5〜10)	12個前後	淡桃
	極浅い	遠州極早生	極早生	長(40〜60)	12個前後	赤紫

(2)　主要品種の特徴

ニンニクの品種は休眠性や早晩性、抽だい長や葉色、りん茎やりん片の色など、それぞれ特徴を持っている（表2—3）。

①寒地型

●福地ホワイト

ニンニク生産量日本一の青森県で生まれた品種である。

休眠性はごく深く、熟期は遅く極晩生である。りん片数は六個前後で、りん片の色が白く大きいのが特徴である。

りん茎は大形で球ニンニク栽培に適しており、大きさと色が好まれ市場での評価は高い。花茎が抽だいすることもあるが、抽だいしないことのほうが多く、その年の生育環境などによって変化するため、茎ニンニク栽培用の品種としてはあまり適さない。葉ニンニク栽培には使える。

●富良野

福地ホワイト同様に休眠性はごく深く、熟期は遅く極晩生である。りん片数は六個前後であるが、富良野はりん片が赤褐色で着色が強いのが特徴である。

りん茎が大形で球ニンニクに適しているが、完全抽だいして花茎の伸長がよく七〇〜九〇センチにもなるため茎ニンニク栽培にも利用できる。葉ニンニク栽培にも使える。

●その他の品種

寒地型の品種にはこの他に岩木、八幡平、ホワイト山形など、類似の在来種が栽培されている。

②暖地型

●上海早生

上海早生の休眠性は中程度であるが、上海早生は壱州早生より熟期が早く、そのため壱州早生より早く収穫できる。

花茎は完全抽だいして七〇〜一〇〇センチほどにもなり、寒地型の富良野と同程度によく伸びる。りん片は白色をしている。りん茎の大きさは寒地型の福地ホワイトとほとんど変わらないが、りん片数が一二個前後と多く、一つのりん片は小さい。

球・茎・葉ニンニクとして用途は広い。

●壱州早生

休眠性は中程度であるが、同じ暖地型の上海早生よりも熟期が遅い。りん片は白色をしている。りん茎の大きさは上海早生とほぼ同じで、りん片数が一二個前後と多く、一つのりん片は小さい。花茎は完全抽だいしても四〇〜七〇センチと上海早生より短いが、茎ニンニクとしても利用できる品種である。

●その他の品種

上海早生と同様、球・茎・葉ニンニクとして用途は広い。

この他の品種としては佐賀在来、高知在来などの品種がある。

③低緯度型

●沖縄早生

寒地型や暖地型の品種より早く収穫できる極早生の品種で、冬期間も生長を続ける品種である。また、休眠がないのも大きな特徴である。りん茎は寒地型や暖地型の品種にくらべて軽くて小さい。沖縄早生は、花茎の抽だい長が短いため茎ニンニク栽培には不向きである。

沖縄早生は球ニンニクと葉ニンニクでの利用に適している。

●遠州極早生

沖縄早生と同様に寒地型や暖地型の品種より早く収穫できる極早生の品種で、冬期間も生長を続ける。遠州極早生はごく浅いが休眠がある。富良野や上海早生よりは短いものの、花茎はよく伸長する。りん茎は寒地型や暖地型の品種にくらべて軽く小さい。

遠州極早生は球ニンニク、茎ニンニク、葉ニンニクとして用途は広い。

●その他の品種

この他の品種として、鹿児島在来、与論島、大島などその土地の名をつけた在来種がある。

(3) ジャンボニンニク・無臭ニンニク

無臭ニンニクやジャンボニンニクは植物学的にはリーキの近縁種であると考えられており、球の外観や品質の特徴を表現して一般的に呼ばれているものである。そのため、無臭ニンニクやジャンボニンニクと同じ名前で呼ばれているもののなかにも、寒地型のもの、暖地型のもの、早生のもの、晩生のものなど、品種特性がまったくことなるものがいろいろ存在している。普通のニンニク品種にくらべ草丈が高く大型で、りん茎も大きいのが特徴で球ニンニクに適している。一般的に、茎ニンニクや葉ニンニクには適さない。

無臭ニンニクやジャンボニンニクの種球の入手にあたっては、種球の購入先から栽培特性や地域に適応できるかどうかをよく確めることが重要である。購入先によって、適応性や早晩性などの品種特性がまったくことなることがあるため、種球の購入にあたっては購入先からどの地域で栽培されていたものかを必ず確めるようにする。

第3章
ニンニク栽培と経営のポイント

1　生育サイクルからみた栽培のポイント

(1)　越冬前に球の肥大に必要な葉数を確保

ニンニクはりん片が分化を開始すると、葉のもととなる葉芽の分化が停止して葉数は増加しない。したがって、越冬前までにある程度の葉数を確保しておくことが大切である。葉数は栽培地域や品種によってことなるが、寒冷地の品種では三枚前後、暖地の品種では五枚前後を確保しておく必要がある。植付け時期の遅れなどによって越冬前に葉数が確保できなかった場合、越冬後のりん茎の肥大に必要な養分や水分が不足し、大きなりん茎を収穫することは難しくなる（図3―1）。

越冬前までに球の肥大に必要な葉数を確保するためにも、植付けは適期におこなうことが重要である。

(2)　越冬前に根量を十分確保

植付け後から越冬前までは地上部の生育と同様、地下部の生育もゆるやかである。ニンニクの植物体が冬期間の寒さに耐えられるよう、越冬前までに根量を十分確保しておく必要がある。ニンニクを根から掘り起こしてみて、健全な白い根を順調に発根し伸長していれば問題はない。根量が十分に確保されていれば、冬春期の強風による土壌の急激な乾燥にも耐えることができ、葉先枯れの発生も少なく球の肥大も順調に進めることができる。

(3) 越冬後は根・葉を傷つけない

球ニンニク栽培では植物体を収穫期まで健全に維持することが、大球生産にむすびつく。越冬後、ニンニクは生育が旺盛になり、根を発達させ、茎葉を増大させ、根・茎葉を通して培われた養分によってりん茎を肥大させる。そのため、越冬後も肥培管理を上手におこなって葉や根を傷つけないことが大切である。球肥大期に炭酸同化作用を活発におこなう健全な葉や根が少ないと球の肥大は悪くなる。

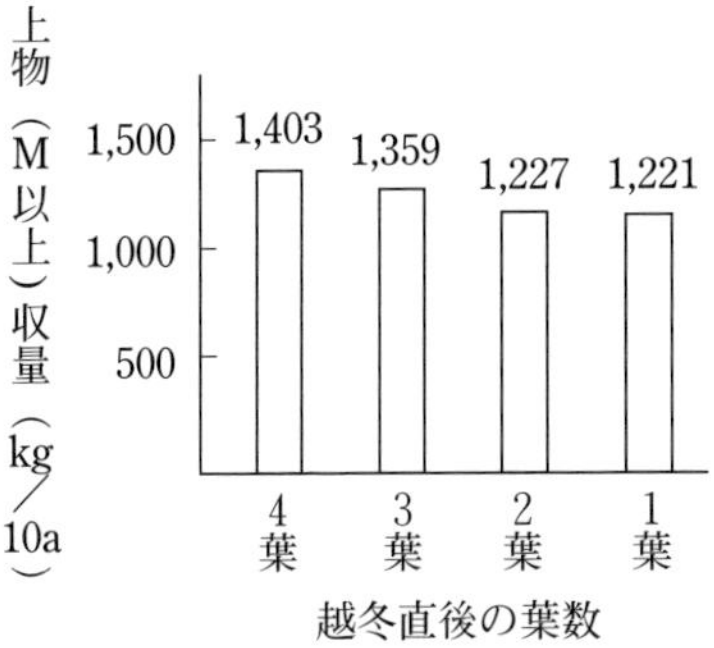

図3−1　ニンニクの越冬直後の生育量と収量関係
（品種：福地ホワイト）
（青森畑園試，1987）

2 良品多収栽培のポイント

(1) ニンニクを健康に生育させるほ場づくり

①完熟した堆肥で土づくり

作物を健康に生育させ良品多収するためには、その要となる土づくりが基本であり重要である。ニンニク栽培においても土づくりは欠かせない。

ニンニク栽培に適した土壌は、耕土が深く肥沃で排水や保水性のよい土壌である。ニンニク栽培では、適した土壌にするためほ場に大量の堆肥を入れることが多い。堆肥を入れることによって土壌の物理性が改善されて、ニンニクの健全な生育の確保や収量と品質の向上に大きく役立つ（図3―2）。堆肥によって土壌はやわらかく通気性がよく、水はけや水持ちがよくなり、養分を供給する力も強くなる。このため、ニンニクの根がよく発達して日照りのときにも、地上部の生育を健全に保つことができる（図3―3）。

生育期間中の乾燥に弱いニンニクでは、堆肥は一〇アール当たり二トンを目安に施用する。

しかし、堆肥の効果を十分発揮させるためには、堆肥の施用量はもちろんだが、とくに堆肥の質に

図3−2　土づくりをして生育が順調に進むニンニク

青森県，5月

図3−3　マルチ栽培で順調に生育するニンニク

根が健康なため地上部の生育もがっちりして葉先枯れも少ない

図3―4　未熟堆肥の施用で根に障害を受けたニンニク
根量にばらつきがあり，根が脱落して芽の出るのが遅れている

十分注意することが大切である。未熟堆肥を施用した場合には、かえって球の肥大を悪くしたり、病害虫の被害をまねく原因となり、生育を妨げてしまうこともある（図3―4）。未熟堆肥を施用すると、施用後に土壌中で発酵して二酸化炭素、アンモニアガスや有機酸などの有害な物質を発生させ、根腐れなどを引き起こす原因となる。また、未熟堆肥を大量に施用した後、秋冷が早い年は地温が低下して土壌中の堆肥の分解が十分進まない。施した堆肥の未分解状態が長く続くと有害物質が発生して、根部は大きな障害を受け、根の伸長が阻害されたり害虫や雑草が発生する恐れもある。根の障害を避けるためには、未熟堆肥の施用は避けたほうがよい。

やむをえず未熟堆肥を入れる場合には、植付け直前の施用はさけて、一カ月前には畑全体に散布し、しっかり耕起して腐熟を進めるようにする。施用量も半分に減らす。

堆肥の素材はワラやバーク、オガクズに家畜のふん尿を混合したものが多いが、できれば稲ワラ主体の堆肥がのぞましい。

②堆肥の肥料成分を含めた施肥設計を

堆肥の効果を十分に発揮させるには、適切な施用量とともに質のよい完熟堆肥を使用することはすでに述べた。それに加えて、堆肥の肥料成分を考慮した施肥設計をすることが大切である。

家畜ふん尿を主な原料とした堆肥は、表3—1のように原料となっている家畜ふん尿の種類によって含まれる肥料成分量に差があるものの、チッ素、リン酸、カリなどを含んでいる。堆肥を施用すればほ場中の肥料成分は増加するため、それを考慮した施肥設計をする必要があったにもかかわらず、これまでは堆肥の肥料的効果をあまり評価していなかったため、堆肥の肥料成分を計算にいれた施肥設計がおこなわれてこなかった。

そのため、ニンニク栽培では、一〇アール当たり二トン程度の標準施用量を大幅に上まわる堆肥が施用されてきた。これはニンニクが水田転作作物として導入されたため、やせた水田を大球生産に適した土壌に急ぎ改善するために大量の堆肥を連用することが広くおこなわれてきたことが影響している。堆肥の過剰施用による多肥のために、近年では生育障害が発生しているほ場も多くなっている。

図3—5は、標準量の四倍である一〇アール当たり八トンの堆肥（稲ワラ＋豚ぷん）を施用したほ場

表3—1　家畜ふん尿に含まれる成分の種類と肥料成分量

種　類		チッ素	リン酸	カ　リ	石　灰	苦　土	水　分
生牛ふん	平均	0.43%	0.38%	0.29%	0.45%	0.18%	81.95%
	最大	0.73	1.25	0.85	0.94	0.40	90.9
	最小	0.28	0.18	0.10	0.11	0.03	64.7
牛ふん*＋生ワラ	平均	0.39	0.19	0.70	0.45	0.13	75.1
	最大	1.07	0.57	2.22	1.49	0.49	93.2
	最小	0.07	0.03	0.09	0.08	0.02	39.6
生鶏ふん	平均	1.46	2.92	1.79	5.60	0.87	65.35
	最大	2.24	5.81	4.10	7.10	1.27	80.3
	最小	1.25	0.71	0.48	2.10	0.18	49.3
生豚ぷん	平均	0.63	0.92	0.28	0.85	0.26	76.59
	最大	0.96	1.92	0.52	1.82	0.38	87.8
	最小	0.21	0.12	0.10	0.32	0.10	73.3
乾燥鶏ふん	平均	3.78	4.59	2.03	8.30	1.29	12.51
	最大	6.4	9.7	4.2	18.1	1.88	19.0
	最小	2.0	1.56	0.7	3.7	0.66	9.9

（*青畜試資料より）

の生育状況である。根が腐って欠株になったり、生育不良をおこしている様子がよくわかる。

まず、あらかじめ堆肥の肥料成分を調べて施肥設計をおこなって堆肥と元肥の量を決めて、堆肥の施用にあたってはきちんと量を守って過剰施肥にならないように注意することが重要である。

なお、家畜のふん尿が材料として使われている堆肥は、家畜の種類や混入割合、切返しの回数などによって、肥料成分量がまちまちである。な

図3―5　堆きゅう肥の過剰施用による生育ムラのようす
根の障害によって欠株の発生が目立つ（水田転換畑における普通栽培，５月上旬）

るべく肥料成分が明らかなＪＡの堆肥センターなどの堆肥を使うのが望ましい。

③ほ場に集積した肥料成分にも注意

ニンニクを栽培したほ場には、保水性をよくしたり地力を向上させるために堆肥などが多用されている。そのため、作付年数が重なるにしたがって未利用の肥料成分が土壌中に集積するようになる。実際にニンニクの主産地においては、チッ素をはじめ、カリやリン酸、カルシウムなどの肥料成分の集積も目立ってきており、この対策が急がれている。

ニンニクを栽培したほ場の土壌中に、どのくらいの量のチッ素やリン酸が含まれているかを調査した結果がある（図３―６、７）。これをみると、リン酸については、適正量を超える畑が非常に多いことがわかる。チッ素についても、一割程度が適正量を超えていることがわかる。土壌中のチッ素が過剰に

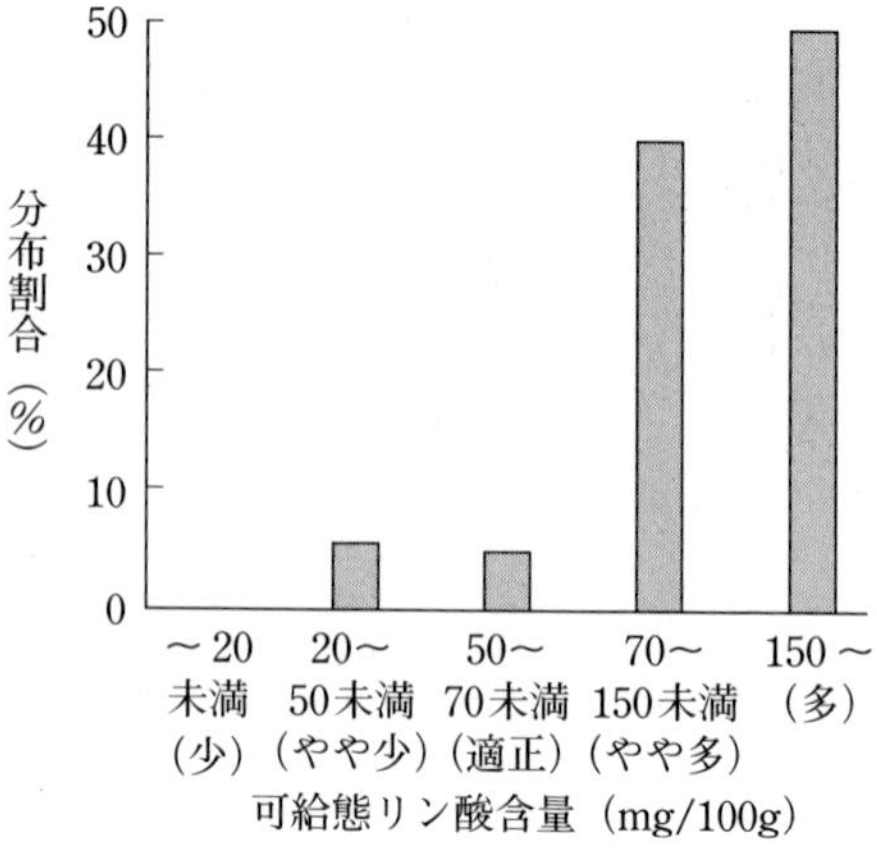

図3―6　ニンニク畑土壌の可給態リン酸含量の分布割合（作土）

（青森農試，1991）

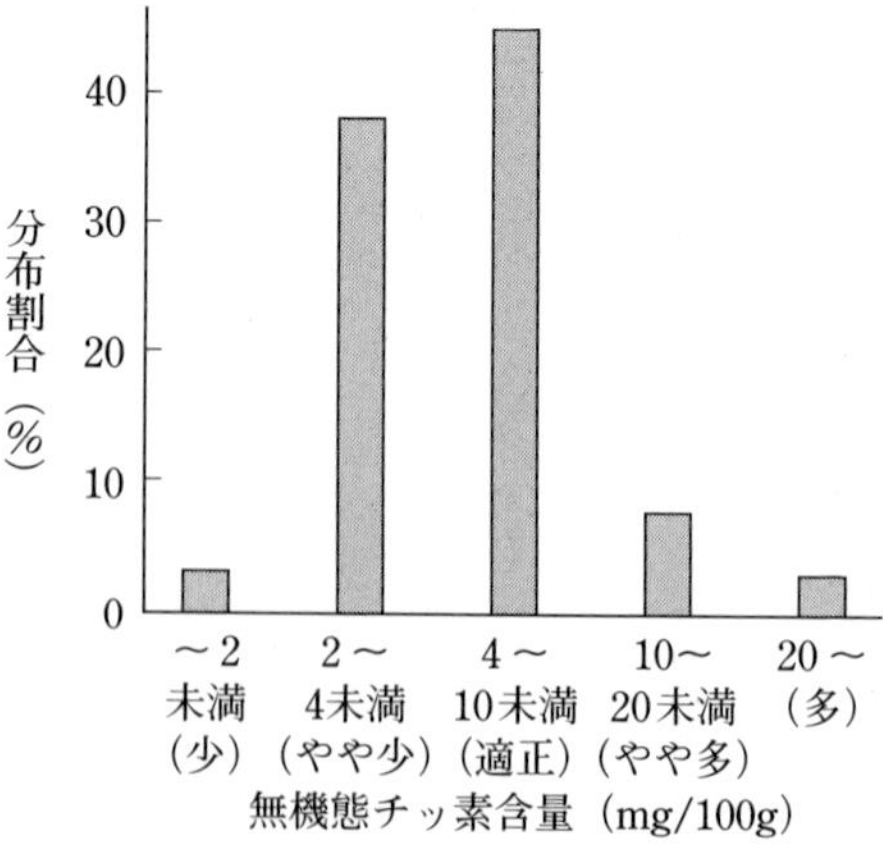

図3―7　ニンニク畑土壌の無機態チッ素含量の分布割合（作土）

（青森農試，1991）

なると、ニンニクの茎や葉が軟弱となって病気を多発させたり、収穫した球の貯蔵性を低下させたりする原因となる。リン酸の過剰でも生育障害などを引き起こすことになる。

したがって、作付年数が長いほ場で栽培する場合には、あらかじめ土壌診断などをおこない、土壌中に含まれるチッ素やリン酸などの肥料成分量が適正量の範囲にあるかどうかをきちんと調べておく必要がある。その結果をもとに施肥設計を立てることが大切である。適正量を超えている場合には、堆肥や元肥の量を減らすなどして対応する。

なお、土壌診断は最寄りのＪＡなどに依頼してやってもらうとよい。

これまでも、ハウス栽培では未利用の肥料成分が土壌に集積して、塩類の濃度障害をひき起こすことはよく知られているが、最近では露地栽培でも目立ってきている。このような状況のなかで、地下水に高濃度の硝酸性チッ素が検出されるといった、環境汚染の実態もしだいに明らかになっている。近年、さらに環境にやさしい農業が求められており、今後は環境に配慮した農法の実践が重要である。

④水田転換畑では排水対策を十分に

水田転換畑にニンニクを導入する場合には、排水不良にならないよう対策を立てることが必要である。とくに、畑に転換した初年目は土壌の物理性が悪く、土壌の団粒構造も悪いので、秋に水稲の収穫が終わったら、あらかじめプラウで耕して植付けまでに二〜三回ロータリーで砕土して、土の風化を促進しておく必要がある。

粘土質の強い土壌の場合には、耕起・砕土をとくに入念におこなう。土壌の物理性が悪いと根の伸長が順調にすすまず、生育は停滞しやすい。

また春先に、雪どけ水が長期間滞水するような寒冷地の畑では、排水が悪いと地温の上昇が遅れたり、根の酸素不足で生育が停滞したりしやすい。排水の悪い畑では、あらかじめ暗渠や明渠、高うねなどの排水対策をとっておく。暗渠や明渠があっても、降雨や融雪時に水が抜けないで水が停滞する

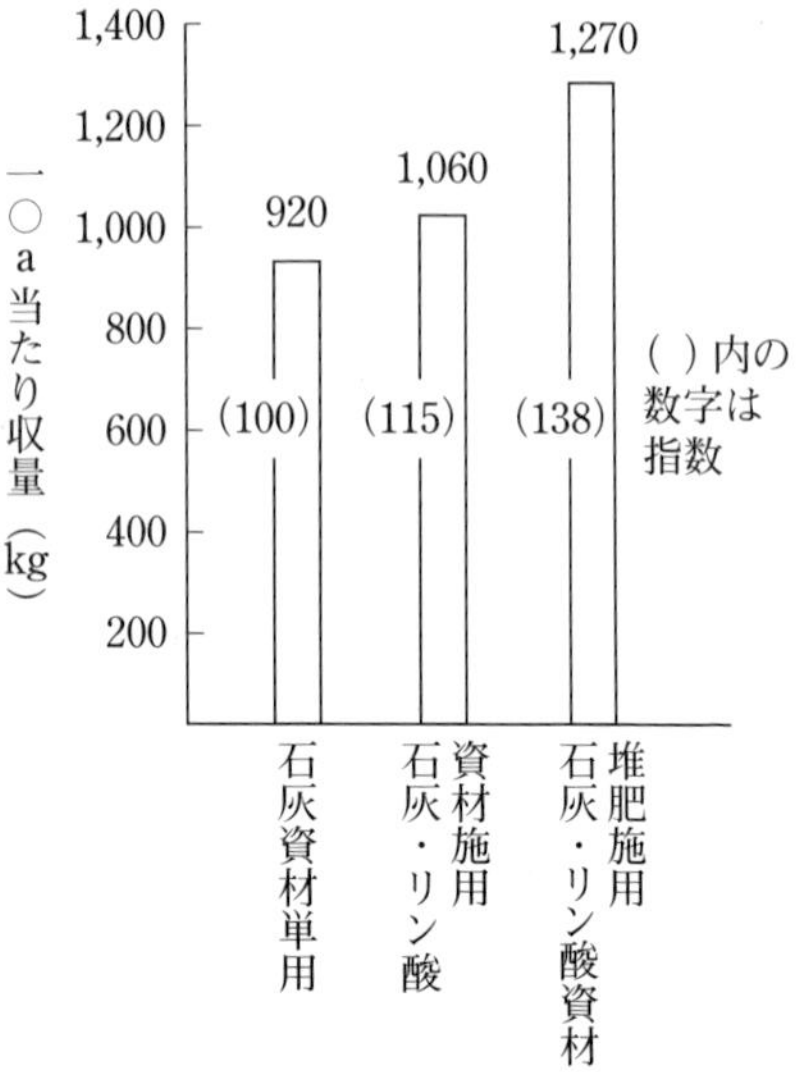

- 石灰資材単用 ―― pH6.5に矯正
- 石灰・リン酸資材施用 ―― pH6.5に矯正、ようりん
- 石灰・リン酸資材，堆肥施用 ―― pH6.5に矯正、ようりん、堆肥2t

図3－8　ニンニク畑の土壌改良効果
（青森農試，1975）

場合には、高うねにする。水田に戻す予定がある場合には、明渠や高うねとするのがよい。

⑤土壌pHは六・〇～六・五に

スギナやオオバコ、シバといった雑草が繁茂する畑は、土壌の酸度が低くなって酸性が強くなっている証拠である。ニンニクは酸性が強い土壌では、根の伸長が悪く根数も少なくなって、大きな球を収穫することができない。したがって、酸性の強い土壌の場合には酸度の矯正が必要である。

ニンニクに適する土壌酸度は、pH六・〇～六・五の微酸性である。土壌の酸度を矯正するには、石灰資材を施用する。ただ、同じpHでも砂質土と火山灰土では石灰の施用量が違ってくる。これは土壌の種類によって土壌の緩衝能に大小があるためである。腐植質の多い火山灰土では、緩衝能が高いため石灰の施用量は多くなる。逆に砂質土のように緩衝能が小さい土壌は、石灰の施用量が少なくてすむ。

石灰資材はいろいろ販売されているが、資材によってアルカリ分の含量がことなっている。苦土石灰や消石灰は炭カルや苦土炭カルよりアルカリ分が多いので、少ない散布量ですむ。

図3―8はニンニク畑の土壌改良の効果を、施用した資材と収量の関係からみたものである。石灰資材を単用するより、堆肥やリン酸資材を併用したほうが、増収効果が高いことがわかる。とくに、火山灰土壌のように土自体がリン酸を吸着する力の強い土壌では、リン酸の施用効果が高く、堆肥と合わせて施用すると低温時の根の伸長に効果が高い。

(2)　品種の選定と植付け時期

①地域に適した品種を選ぶ

ニンニクは、りん片が分化しりん茎が形成されるためには、低温と長日条件が必要である。このような条件は、品種によってことなる。全国各地に古くから在来の品種があるが、これらはそれぞれの土地の気象条件に適応しており、現在も栽培されている。一般に寒冷地の品種は、低温を要求する程度が大きいし、暖地の品種は低温を要求する程度が小さい。

したがって、東北の品種を暖地で栽培しても、低温が十分に得られないため、大きいりん茎は収穫できない。逆に暖地の品種は、寒冷地の東北では抽だいや成熟期が早まるが、耐寒性や耐雪性が弱いこともあって、球の肥大は暖地で栽培するより劣ってしまう。

②栽培の目的に合わせて品種を選ぶ

食生活の多様化が進むにつれ、従来の球ニンニクの利用から、抽だいした茎を利用する茎ニンニクや葉と葉鞘を利用する葉ニンニクへと用途が広がっている。

中国では古くから球、葉と葉鞘、抽だいした茎を食用として利用し、中華料理ではなくてはならない食材である。このような利用方法は、今後わが国でも中華料理などを中心にさらに増加すると思われる。

茎ニンニクや葉ニンニクの栽培を経営にきちんと位置づけて取り組む場合には、品種の選択が重要になってくる。一般的に茎ニンニク栽培や葉ニンニク栽培では、地域の球ニンニク栽培用の品種が使われている。

茎ニンニク栽培の品種選択にあたっては、抽だいの有無が大きな問題となるので、花茎の伸長がよい品種を選ぶようにする。葉ニンニク栽培では地域の球ニンニク栽培で使われている品種を利用すれば問題はない。

しかし、品種によっては茎や葉の生産に適した品種もある。低緯度型の品種のなかで、熟期が極めて早い沖縄早生は、茎の伸長が早く大きく肉質もやわらかく、球ニンニクよりも茎ニンニクや葉ニンニク生産に適している。したがって、栽培の目的にあわせて使用する品種も使い分けができれば望ましい。

③地域や作型に合わせて植付時期を決める

寒地や寒冷地と暖地や亜熱帯では、基本的にはニンニクの適応品種がことなる。また品種がことなると休眠期間にも長短がある。このため栽培する地域と作型に合わせて植付時期を決める。

茎ニンニク栽培は、球ニンニク栽培の途中でとう立ちした花茎を収穫するので、地域の球ニンニク栽培の植付時期と同一でよい。

葉ニンニク栽培では、まだ若い状態のニンニクを収穫して出荷する。出荷する時期に合わせて、自然に休眠がさめたりん片を植え付ける。低温処理などで強制的に休眠をやぶってやれば、さらに早い時期から植え付けることもできる。

(3)　優良な種球を使う

①ウイルス罹病のない種球を使う

種球が小さいものは、ウイルス病におかされていることが多いので、できるだけ大きい健全な種球

図3−9　ウイルス病の被害株
葉の黄化やわん曲が見られ，生育が悪い

表3−2　ウイルス症状による選抜効果
（青森農試，1979）

選抜回数	10a 収量	上物率	1球重
無 選 抜	1,275kg	84%	51g
1 回選抜	1,415	93	56
2 回選抜	1,500	92	60

を使うことが大切である。優良株を自家選抜することによって、一球重が重くなり収量も一割程度増し、上物率も高まる。

　ウイルス病に強くかかっている種球は、萌芽しても葉がよじれたり、葉が黄化して生育が順調に進まず、もちろん収量もあがらない（図3―9）。

なお、ウイルス病による汚染がひどくて収量が上がらない場合には、ウイルスフリーの種球を使うとよい。ウイルスフリーの種球は、民間会社が販売している。

②品種の特性を備えた大きなりん片を選ぶ

種子にするりん片は、品種の特性をもったものを選ぶ。重さ二グラム未満の小さく形の悪いりん片は除いて、病害虫の被害のない、つやのよい、形のそろったりん片を選ぶ。種子にするりん片は、暖地型の品種では五グラム以上、寒地型の品種では一〇グラム以上の大きなりん片を選ぶ。りん片が大きいものほど一般にウイルス病の汚染程度が少ない。また、草丈が高く葉幅も広く植物体が大きくなるため、大きなりん茎を収穫することができる。

ただし、品種の特性によって、たとえば福地ホワイトではりん片が大きくなるにしたがって、芽が二本発生する二本立て株が多く発生したり、花茎が葉鞘内にとどまる座止などの不完全抽だい株が多くなる傾向がある（表3―3）。

表3―3　植え付けたりん片の大きさと2本立て株の発生率

（青森農試，1975）

りん片の重さ	2本立て株の発生率
5.1 ～　7.5g	0.5%
7.6 ～ 10.0	1.1
10.1 ～ 12.5	3.3
12.6 ～ 15.0	5.2

品種：福地ホワイト（普通栽培）

図3―10　葉先枯れ症状が発生したほ場
下位葉の葉先が枯れて褐色に変化している

(4) かん水が生育・収量を左右する

①春先の土壌の乾燥は葉先枯れ・根傷みの原因

葉先枯れ症状は、寒冷地でよくみられる（図3―10）。四～五月に、下位葉からしだいに上位葉へ葉先が枯れ上がる現象で、土壌の乾燥が発生原因のひとつである。葉身全体が枯れ上がることは少なく、葉の先端だけが枯れ上がる。葉先枯れ症状は、普通栽培はもちろん、マルチ栽培でもよく発生するが、基本的には根から養分と水分を十分吸収できないときに発生する。

四～五月は強風が吹きやすく、晴天日には土壌の乾燥が進みやすい時期であると同時に、気温があがってニンニクの生育が本格的になり、養分と水分の要求が急激に高まる時期である。

実際に畑の土壌の表面を観察すると、乾燥がすすんで、水分不足でうねに亀裂が深く入っている状態の畑が多い（図3―11）。粘質土壌では、土壌の乾燥がすすみ亀裂が深くなると、せっかく伸びた根が土中で切断されて葉先枯れをひき起こす原因となる。葉先枯れ症状が見えはじめて草勢が弱まると、病気の発生もしだいに増加してくる。とくに春腐病や葉枯病などの発生が多くなってくる。

図3―11　乾燥状態の水田転換畑
表面に深い亀裂が入っている。こうなる前にかん水する

また、葉がしおれた状態が長く続くと、健全な根も傷みはじめる。

この時期はかん水を適期におこなって、土壌の急激な乾燥を防止することが大切である。根を守ることは植物体を健全に維持することに役立ち、地上部の養水分の要求に十分応えることができるため、病気の発生も少なくなる。

②かん水はりん茎の肥大効果が高い

ニンニクは、収穫期までに一〇枚前後の葉数を展開する。収穫期にいたるまで、できるだけ健康な葉を多く維持することが、りん茎の肥大を助け大球生産につながる。病害虫や生育障害の発生をなるべく防いで、葉をできるだけ健全に維持していくためにも、かん水は大きな役割をはたす。

生育の各ステージの中で、かん水の重要性が一番高いのは、りん片分化期から成熟期までである。収穫の二〇日前ころに、ニンニクの生育量は最大に達する。この時期までに、養分や水分を十分に吸収できるよう、水分管理を徹底する。かん水は天気予報を参考にして、葉の展開や茎の伸長程度をみながら計画的に実行する。

かん水は一度に大量にやるより、回数を多くして土壌の乾燥が急激に進まないようにしたほうが効果的である。

③収穫間近のかん水は控える

成熟期が近づくと、しだいに葉が枯れ上がってくる。この時期になると、球の肥大もゆるやかになってくる。成熟期に入ってから急にかん水すると、根から肥料や水分の吸収がさかんになって急激に肥大がすすみ球割れする。また、成熟期になっても葉の枯れ上がりが見られない株は、まだ根が健康な証拠であり、かん水によって球割れがさらに起こりやすい。

収穫時期が間近になったら、土壌の乾燥程度にかかわらずかん水は控えたほうがよい。なお、かん水が必要な場合には、球の肥大の様子を確認しながら、少量ずつおこなう。

3　生育診断の方法と対策

(1)　根の状態をみて生育を診断する

①根の観察方法

ニンニクの地上部の生育は立派であるが、球の肥大がその割によくないという畑が多い。このような株の全体の草姿をみると、地下部の根の発達が悪く、いわゆる頭でっかちの状態になっている。

ニンニクの生育診断をもっとも簡単におこなうには、根の状況をよく観察すればよい。生育の違いが根の状態に大きく現われている（図3―12）。

観察は、萌芽後から越冬前におこなう。スコップを使い、株全体の根をていねいに掘り上げ、水洗いして泥を落とし観察する。まず根全体が真白く、ツヤがあって根の先端までつながっているか確認する。もし、根が途中で切れていたり、根の一部が褐色に変色したり、根数や根量が極端に少ない場合は、根が障害を受けている証拠である（図3―13）。このような障害を受けた根が多いほど、その後の生育は悪くなる。

図3—12　健全株と葉先枯れ症状株の生育の比較
根部の生育に大きな違いがみられる
左：健全株（根数も多く，根張りも良好）
右：葉先枯れ症状の株（根数が少なく，根張りが不良）

図3—13　根部に損傷を受けたニンニク
根の先端が褐変して脱落している

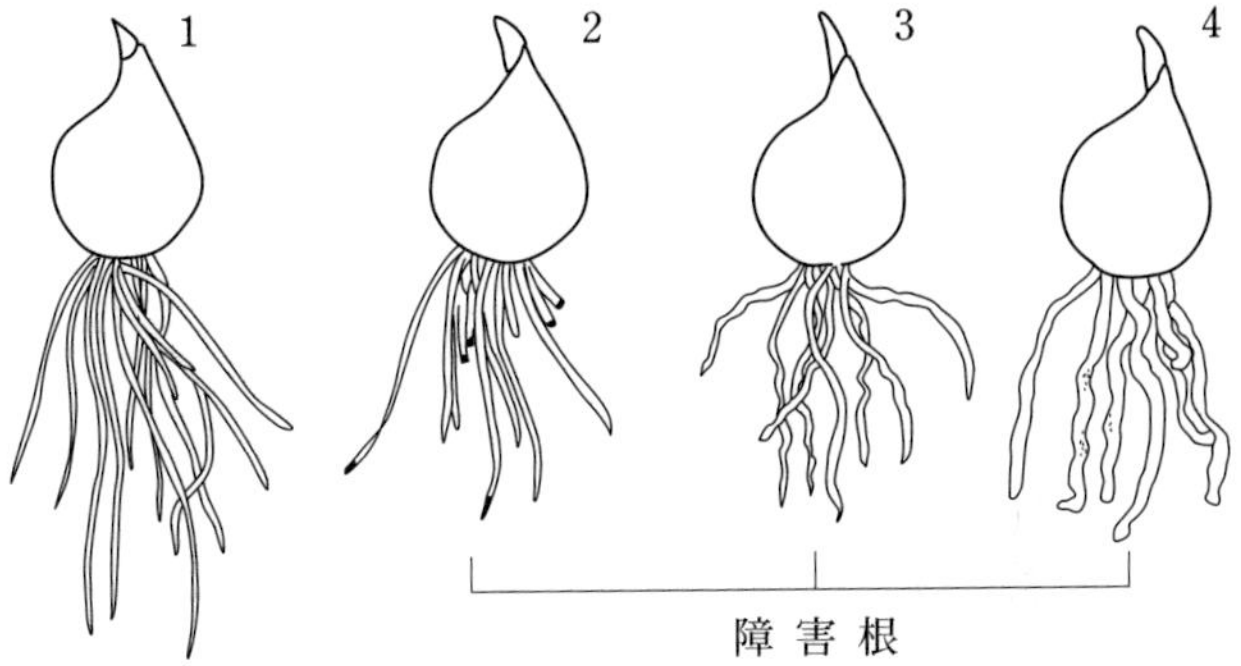

正常根	褐色根	ちぢれ根	粗剛な感じを伴うちぢれ根
根にツヤがあり，途中で脱落せず先端もしっかりしている	根の一部が褐変したり，ひどい場合には褐変部から脱落する。未熟堆肥や乾燥鶏ふんなどを大量に施用すると発生する。また排水不良の場合にも同じような症状が認められる	除草剤のシマジンの過剰散布によって発生する	根はちぢれ，粗剛な感じを伴う。チッ素肥料のやりすぎによる濃度障害で発生する

図3−14　障害根の症状と発生原因

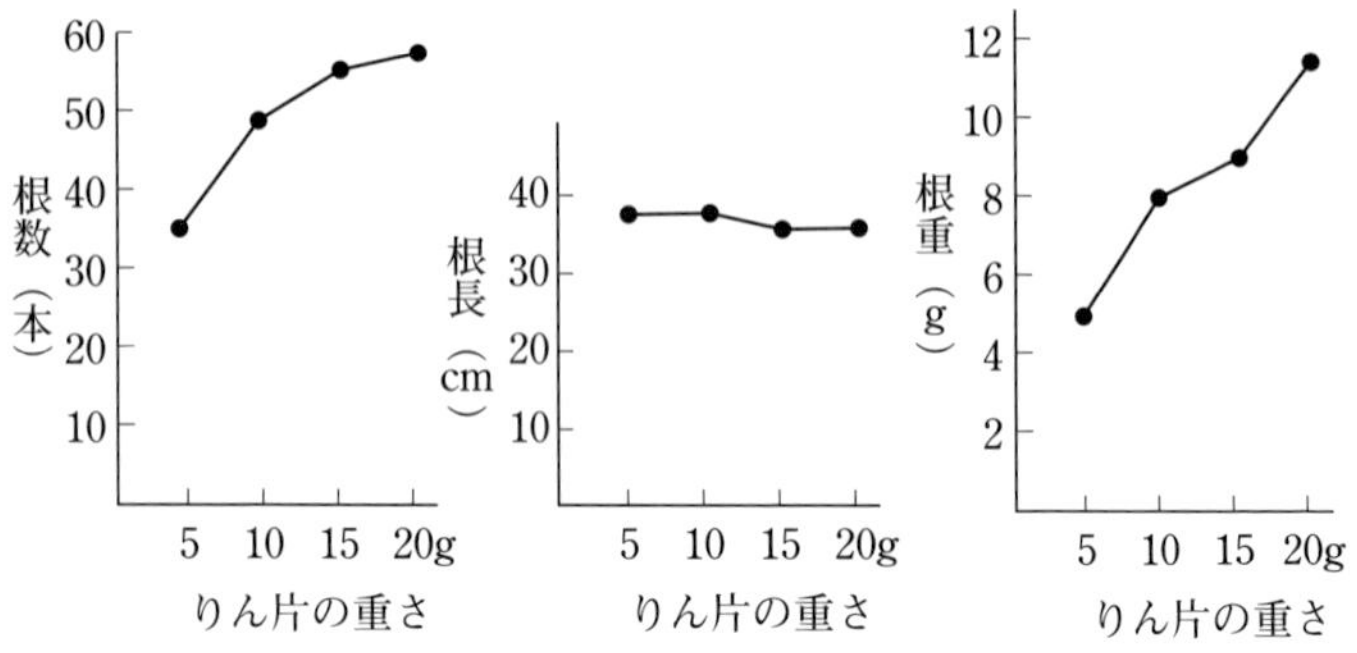

値付け：1979・10・5　調査：1979・12・7　3要素：各1.0kg
作型：普通栽培

図3―15　越冬前における健全株の根の生育状況（12月17日）
（品種：福地ホワイト）　（青森農試，1979）

②根の障害の発生原因と症状

根が障害を受ける原因には、次のようなものがある。未熟堆肥の大量施用、化学肥料の過剰施用、土壌の酸度が強い時、除草剤の過剰散布、土壌病害の発生などである。

発生原因と根の症状は図3―14のとおりである。正常根は株全体の根が真白で、根数も多くすなおに伸長している。これに対して、障害根は根の一部が褐色に変色したり、脱落したり、根がちぢれるなど外観上の異常がみられる。種子に用いたりん片の重さと越冬前の根の生長を調査したのが図3―15である。根が健全であれば、りん片重一〇グラムで根数が五〇本、根長も四〇センチ近くまで伸長している。掘り上げた株の根の生育を図3―15と比較してみるとよい。

(2)　葉先枯れ症状への追肥は逆効果のことも

葉先枯れ症状は、土壌の乾燥ではなく、チッ素過剰によって根に障害が発生している場合も多くみられる。したがって、まずその原因を明らかにしたうえで、対策を立てる必要がある。根をよく観察するとともに、土壌中のチッ素含量を調べるなど原因を明らかにしてから対応策をとる。

葉先枯れ症状は、リン酸やカルシウムの欠乏症と似ていることから、肥料不足と判断しがちであるが、根に障害がある場合には、追肥は逆効果となってしまう。

いずれの場合でも、適度のかん水は葉先枯れ症状のさらなる進行防止に効果が高い。

(3)　多肥で発生が多い二重葉

ニンニク栽培では、チッ素過多の状況を外観から判断するのは、水稲のように簡単ではない。水稲はチッ素過多になると、倒伏してしまうので簡単に判断できる。ニンニクではチッ素が過剰になると、葉色が濃くなり、茎葉が軟弱となって風で葉が折れやすくなったりする。このほかチッ素過多を判断する方法として、二重葉の発生を確認する方法がある。

二重葉は、外観的には葉の表面にさらに一枚の葉が重なり、横からは葉の縁が二重になって見える。発生時期は生育最盛期で中位葉の五～六葉に発生が多い。このような株が多く発生する場合には、チッ素が過剰な状態であると判断できるから、かん水はひかえめにして、余分なチッ素の吸収をできるだけおさえるようにする。

チッ素過多で発生する二重葉は、組織が軟弱なため、手で軽くもむと簡単に表皮と内部の細胞組織が離れてしまう。これに対して、チッ素が適量な畑の場合には、株の同じ位置の葉をもんでみても、二重葉のように簡単には表皮と内部の細胞組織が離れない。チッ素のやりすぎは、病害の発生を助長するばかりでなく、収穫した球の貯蔵性も低下させる。

4 作型と導入・経営の注意点

(1) 球ニンニク栽培

①普通栽培

普通栽培は、種球の休眠が自然にあけるのを待ってから植え付ける作型で、全国的に広くおこなわれている。普通栽培は寒冷地のような積雪期間が長く積雪量の多い地域で、保水性のある粘質土壌の水田転換畑に主に導入されている。

この作型の植付時期は、寒地の北海道では九月中旬、寒冷地の青森県、岩手県では九月下旬～十月上旬、温暖地の静岡では九月上旬〜九月下旬である。植付けから収穫までの生育期間は長期にわたり、寒地の北海道では一〇カ月、寒冷地の東北地方でも九カ月を必要とする。これに対して温暖地では生育期間は寒地より二カ月、寒冷地より一カ月ほど短く、五月中・下旬には収穫できる。植付作業や収穫・乾燥・調製作業には労働時間は多くかかるが、収穫までの肥培管理作業は労働時間が少なくてすむので、比較的大きな面積の作付けが可能である。これらの作型では、地上部と地下部の生育をいかに長い間健全に保つことができるかで収量が左右される。

生育期間が長期にわたるため、干ばつ、強風などの気象災害にあったり、病害の発生も多くなりがちであるから、植物体の健全な維持に努めることが重要である。

球ニンニク栽培では種球の選別、植付け、収穫・乾燥・調製作業に多くの労働時間がかかるから、計画的な作付けをおこなって無理のない栽培をすることが大切である。

②マルチ栽培

マルチ栽培はうねの表面をポリエチレンフィルムで被覆して栽培する作型で、火山灰土壌のように乾燥しやすい普通畑に導入されている。球肥大期に雨が少なく土壌の乾燥がおきやすい地域、春先の気温上昇が遅れる山間地などに導入されている。

普通栽培と同様に種球の休眠が自然にあけるのを待ってから植え付ける。植付時期は普通栽培と変わらないが、マルチをすることによって普通栽培より一週間ほど生育が早まるため、収穫作業の労働集中を避けることができる。しかし、さらに収穫時期の前進を狙って植付時期を早めても、越冬前の生育が進みすぎて葉に寒害を受けやすくなる。したがって、マルチ栽培では植付適期を守ることが大切である。

③促成栽培

種球を一定期間冷蔵し、低温にあわせ、休眠を強制的にさまして植え付ける作型である。暖地の香川県、佐賀県の一部でおこなわれている早出しのための作型で、植付けは九月下旬～十月上旬におこなわれ、収穫時期を早めるためマルチ栽培されている。収穫時期は、翌年の四月下旬～五月上旬となり、寒冷地より二カ月ほど早くなる。そのため、市場価格は他の作型より少し高めで有利だが、冬の寒害を受けやすいため、無霜地帯でないと栽培はむずかしい。また、種球の低温処理のために冷蔵施設が必要であるため、経済性をよく考えて導入を進めることが大切である。

④球ニンニク栽培の経営指標

球ニンニクの主産地である青森県の例をみると一〇アール当たりの収量は、八〇〇～一四〇〇キロと幅がある。市場価格は、二Lクラスの大球が価格が高い。輸入ニンニクと対抗していくためには、二L規格を主体とした生産が必要である。

水田転作で球ニンニクを栽培している農家の経営収支の一事例は次のようになる（表3―4）。収入は、単価六三〇円×一一〇〇キロ＝六九・三万円の粗収入になる。支出は種球費、肥料費、薬剤費、資材費、農機具費、流通経費などで計四七・五六万円になる。その結果、農業所得は二一・七四万円が見込める。

表3−4　球ニンニク栽培の経営指標（マルチ栽培農家事例）

項　　目		金　額
経営収入	粗収入（円/10a）	693,000
内訳	収量（kg/10a）	1,100
	単価（円/kg）	630
経営支出	経営費合計（円/10a）	475,600
内訳	種球費	183,900
	肥料費	78,700
	薬剤費	35,200
	資材費	12,700
	動力光熱費	14,700
	農機具費	39,900
	施設費	3,500
	流通経費（市場手数料等）	91,800
	荷造経費	15,200

経営収支	粗収入ー経営費合計	農業所得（円/10a）
	693,000 − 475,600	217,400
	労働時間（時間/10a）	334
	1時間当たりの労働賃金 (1円以下は四捨五入)	651

表3—5　球ニンニク栽培の月別労働時間（10a当たり）

（青森県農業推進方向資料より作成）

作業名	1月	2月	3月	4月	5月	6月	7月	8月	9月	10月	11月	12月	合計
種球種子の選別等								20	13				33
土壌改良・耕起									9				9
元肥・マルチング									10				10
植付け									48				48
追肥・病害虫雑草防除				8	4	3							15
とう摘み						10							10
収穫・乾燥						50	40						90
調製・選別								30	30	25			85
合　計				8	4	63	40	50	110	25			300

一〇アール当たりの労働時間は次のようになる（表3—5）。種球・種子の選別から植付作業まで一〇〇時間、追肥・病害虫雑草防除ととう摘みに二五時間、収穫・乾燥に九〇時間、調製・選別に八五時間で、計三〇〇時間になる。球ニンニク栽培では、植付け後の栽培管理の負担が少ないことがうかがえる。植え付けてしまえば、収穫まではあまり手間がかからないので、この間にホウレンソウやコマツナなどの栽培やクズりん片を活用した葉ニンニク栽培も導入できる。

(2) 茎ニンニク栽培

茎ニンニク栽培は、球ニンニク生産の途中で抽だいしてきた花茎を収穫するので、栽培方法は基本的に球ニンニク栽培と同様である。抽だいした花茎を摘む、とう摘み作業は、球の肥大を促進するためにも必要である。花茎が抽だいする時期は地域や品種によって大きくことなるが、春先から初夏にかけて、とう立ちしてきた花茎を数回に分けて収穫する。

ただ、抽だい性が品種によってことなるため、茎ニンニクの販売を考える場合には、花茎の抽だいしやすい品種をある程度選択する必要がある。

経営的には、収量や栽培経費、市場価格などを考慮すると、茎ニンニク栽培単独でのメリットは少なく、あくまでも球ニンニク栽培を補完すると考えたほうがよい。また、市場価格をみると二〜四月の出荷が高値であるので、そのころに出荷時期と重なる暖地での導入がより有利である。

茎ニンニクは、鮮度が落ちると茎が硬くなるから、新鮮なうちに出荷することが大切である。

(3)　葉ニンニク栽培

葉ニンニク栽培は、球ニンニク栽培で出たクズ球を自然に休眠がさめるのをまってから密植して生葉を若採りする。葉ニンニク栽培の種子は、球ニンニクとしては販売できないような小さいクズ球でも十分利用できる。しかし、球ニンニク栽培でクズ球の発生が少なかったり、クズ球を加工にむけた場合には、種子の供給が不安定になることも考えられる。なお、品種はとくに選ばないので、地域で栽培されている球ニンニク品種を活用すればよい。

葉ニンニク栽培では、休眠が十分さめていれば、温度と土壌水分が適当にみたされれば萌芽する。

生育期間の積算気温が多いと早く収穫でき、少ないと収穫が遅れるため、他の作物と労働力の競合がない時期を選んで栽培するとよい。

葉ニンニクは、露地よりもハウス栽培のほうが生育が早まるうえ、病気の発生が少なく品質もよいため、遊休ハウスなどの既存の設備を活用するとよい。寒冷地でもビニールハウスを利用すれば、無加温でも年末までに収穫して出荷できる。なお、出荷期間を長くしたい場合には植付時期をずらして、植付けを数回に分けておこなうとよい。

葉ニンニクは、まだ球ニンニクや茎ニンニクほど消費者に知られていないから、小規模栽培で継続出荷して知名度を高めながら、市場出荷や産地直売などでは食べ方も含めて積極的に宣伝して、消費の拡大とともに産地の拡大をはかることが必要である。また、安全性をアピールできるよう農薬の使用をできるだけ少なくした栽培をおこなうほうが販売上有利である。

第4章

ニンニク栽培の実際

I　球ニンニク栽培の実際

1　普通栽培・マルチ栽培（図4―1、図4―2）

(1)　種球の選抜と種子の準備

①種球の選抜と確保

種球の準備は適期に植付けができるよう、早めに進めておく。

ニンニク栽培では、りん茎を形成しているりん片を一片ずつばらしたものをほ場へ植え付ける。なお、一般にほ場へ植え付けるりん片を種子と呼んでいるので、本書でも種子とする。

よい種子を準備するためには、よいりん茎を種球として選ぶことが大切である。種球を選抜するにあたっては、品種の特徴を備えている形の整った大きなりん茎で、病害虫の被害を受けていない健全なものを選ぶ。

なお、二年目以降に種子を自給する場合は、萌芽後の早い時期にウイルス病の被害の少ない株に目

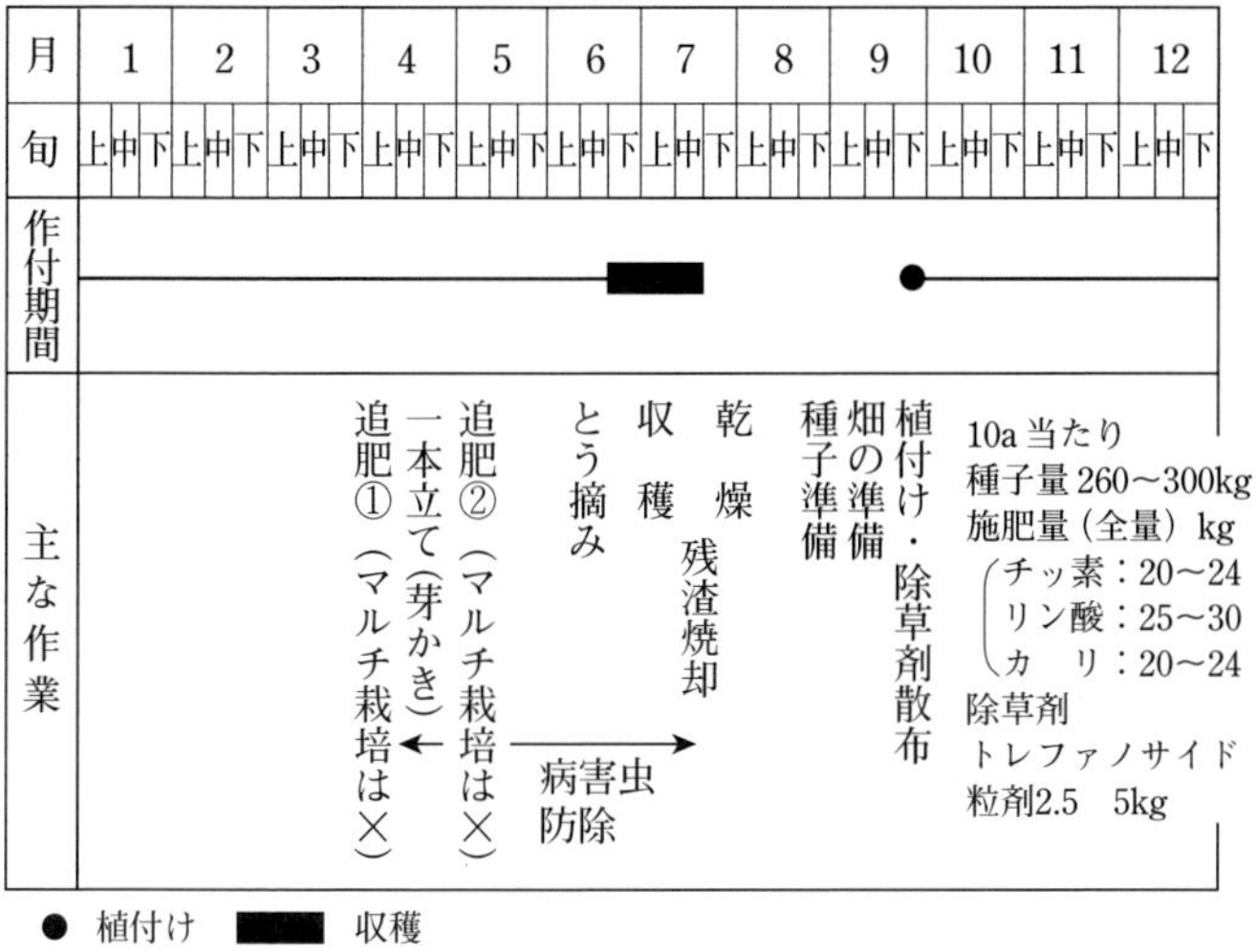

図4—1　球ニンニク普通栽培の栽培暦（寒冷地）
（マルチ栽培を含む）

印をつけて選んでおく。さらに、印をつけた中から収穫時に優良株を選んでまとめて収穫し、乾燥させる。乾燥後は風通しのよい納屋で保存しておく。

②種子の準備

選んだ種球からりん片を一片ずつばらすときにも、りん片の盤茎部にカビや変色、腐敗が発生していないかよく確かめながら、健全なりん片だけを選ぶようにする。りん茎やりん片の盤茎部に汚れや傷があるものはカビや腐敗、サビダニやイモグサレセンチュウの被害を受けている恐れがあるから、種子として使わない（図4—3）。

ばらしたりん片は、七〜一〇グラム未満、一〇〜一五グラム、一五グラム以上

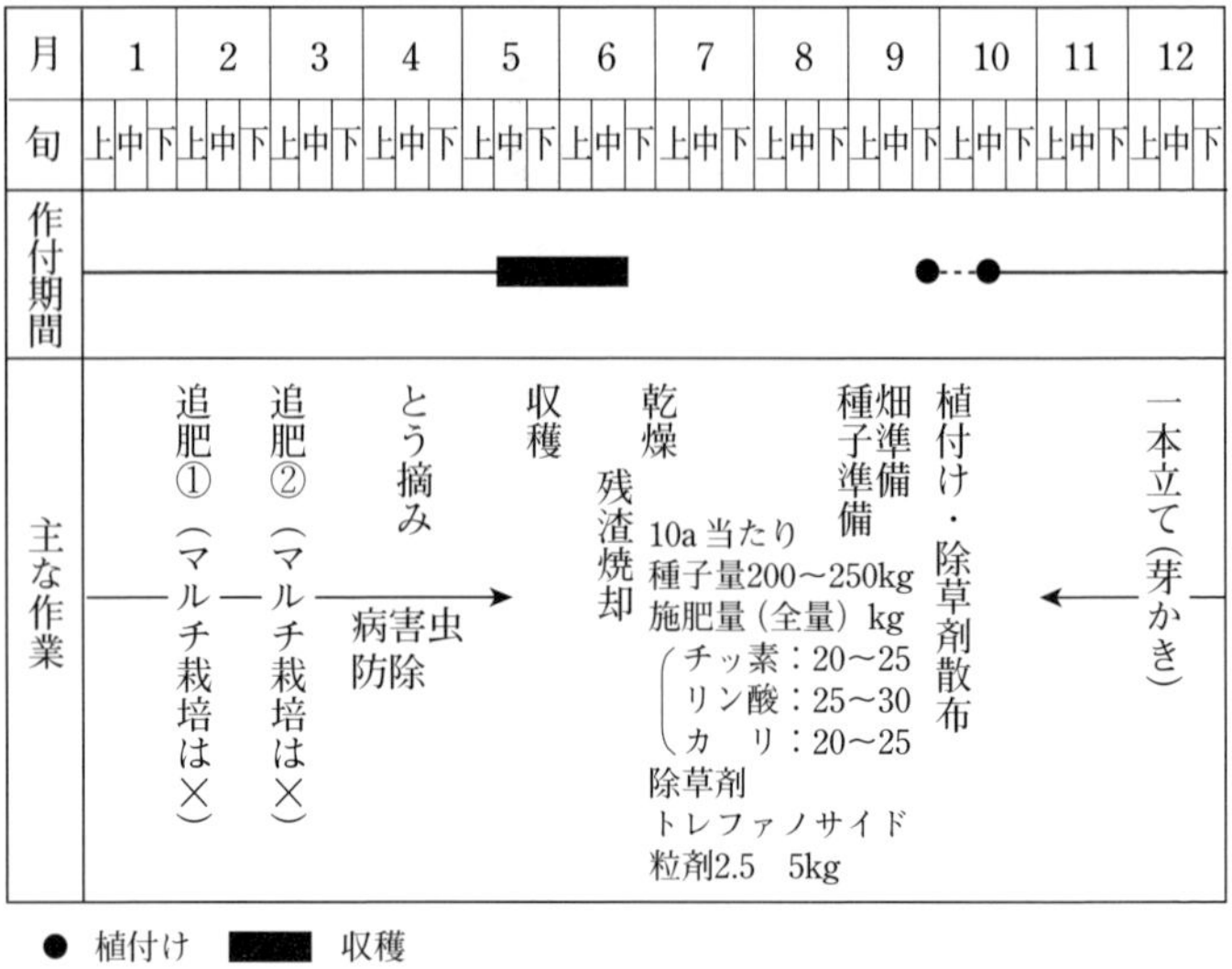

図4－2　球ニンニク普通栽培の栽培暦（暖地）
（マルチを含む）

図4－3　腐敗が発生したりん片

と大・中・小に分けておく。種子を大きさごとに植え付けると生育がそろい、植付け後のとう摘みや肥培管理に都合がよいためである。また、小さすぎるりん片は球の肥大が悪いため種子には使わない。目安として暖地型の品種では五グラム以上、寒地型の品種では七グラム以上のりん片を選ぶ。種子とするりん片が大きいほどりん茎の肥大がよく、収量も上がるので、なるべく大きいりん片を利用する。

③必要な種子の量

種子とするりん片の必要量は品種や栽培地によって、また栽植密度によってもことなる。一〇アール当たりの種子量は、寒地型の品種では二六〇～三〇〇キロ、暖地型の品種では二〇〇～二五〇キロを目安に準備する。

なお、一〇アールの種子を準備するのに、種球をばらしたりする作業でおよそ三〇時間ほどかかるので、作付面積に応じて植付け前までに終えておく。

(2)　ほ場選びと準備

①ほ場の選定

ほ場は、排水がよく肥沃で干ばつを受けにくく、根が深く張れる作土の深いところを選ぶ。作土の深さは少なくとも二〇センチ以上、地下水位は五〇～六〇センチが適当である。

また、連作による土壌病害虫の発生を防ぐため、前作や前々作にユリ科作物を栽培したほ場は避け

表4―1　球ニンニク普通栽培（マルチを含む）のポイント

	技術目標とポイント	技術内容
植付けの準備	◎ほ場の選定と土づくり	・連作を避ける
	・ほ場の選定	・排水がよく肥沃な作土の深いほ場を選定する
	・土づくり	・完熟堆肥を2t/10a以上施用して深耕する ・未熟堆肥は，根腐れや害虫の発生を招きやすいから施用しない
	◎うねづくり（土壌水分が適当なときにうねづくりする）	・苦土石灰などを施用する（pH6.0～6.5を目標） ・元肥は全面施用 ・うね幅130～150cm，高さ15～20cmにする ・定植1週間前までにうねをつくり，マルチングを完了しておく ・マルチはうねに密着するように張る
	◎球種の準備	・りん片はなるべく大きいもの（7g以上）を準備する ・腐敗したり極端に小さいりん片は使わない
植付け方法	◎適期植付け（地域により適期が異なる）	・植付け時期が遅くなると，生育期間が不足して球の肥大が遅れる ・植付け時期が早すぎると，寒冷地では寒害を受けて，球の肥大が遅れる
植付け後の管理	◎雑草防除	・通路に発生した雑草を早めに除草する
	・敷きワラ	・雑草の発生を防ぐため通路に敷きワラをすると，除草の手間がかからない
	◎1本立て	・1つのりん片から2本芽が出てきたときには，生育のよい芽を1本残して残りを根元から除去する
	◎とう摘み	・地域や品種によってとうの出方がことなる。抽だいしたとうをそのままにしておくと，球の肥大が悪くなるので，早めに摘み取る

	◎かん水	・球の肥大期に土壌が乾燥すると肥大が悪くなるので，適宜かん水する
	◎病害虫防除	・越冬後から病害虫の発生が増加するから，適期に防除する
収穫・乾燥・調製	◎適期収穫 ・収穫の目安	・収穫の目安は，葉が30～50%くらい黄変したころ，球が割れる前に収穫する
	◎収穫の方法	・収穫は晴天日に行なう。雨天だと球の色沢が悪くなったり，腐敗球が発生しやすいので避ける ・収穫方法には手掘りと機械掘りがある。掘取機を使う場合は，あらかじめ茎葉を地上10cmくらい残して刈っておく
	◎乾燥	・収穫したら，根を切り取り，茎を10cm程度残して切り落とし，網袋に入れて陰干しする
	・ 乾燥の目安	・乾燥の目安は，収穫時の重量の30%減量を目標にする
	・乾燥上の注意点	・乾燥期間中に直射日光や雨水に当てると，球が緑色をおびたりツヤがなくなったりして外観が悪くなるから注意する
	◎貯蔵	・乾燥が終わったものは，風通しがよく，涼しい納屋のようなところで貯蔵する。長期貯蔵をする場合は冷蔵庫に入れる
	◎調製	・出荷する前に，泥のついた球の外皮を2枚程度はいで，網袋に1kg詰めにして出荷する

表4－2　ニンニクほ場の土壌改良目標

作土の厚さ（cm）	地下水位（cm）	pH（H_2O）	塩基飽和度（%）	有効態リン酸（mg）
20～30	60	6.0～6.5	80～90	50～70

るのが望ましい。ユリ科以外の作物と組み合わせて三年程度の輪作をする。寒冷地ではニンジン、コムギなど、暖地ではレタスなどを導入して輪作をおこなう。

連作すると土壌病害虫の密度が年々高くなり、いったん発生してしまうと完全に防除することは困難である。一年目は薬剤を使って完全に防除できても、二年目以降は防除効果が弱まることが多く、薬剤費もかさむことになる。

ただし、やむをえず連作する場合には、土壌病害虫の発生がないかどうかよく確認してから作付ける。また堆肥や化学肥料の過剰施用、とくにチッ素の過剰施用にならないよう注意して、できるだけ植物体を健全に維持し、土壌病害虫を発生させないよう努力することが大切である。

②土づくり

土壌改良の目標は表4—2のとおりである。あらかじめ土壌診断をおこない、土壌酸度や土壌の肥料バランスなどの状態を確認しておく。そのうえで、堆肥や土壌改良資材などの施用量を調整する。
堆肥、リン酸資材、石灰資材などの施用にあたっては、植付け一カ月ほど前に畑全面に散布し、土中深くまで行き渡るように耕うんしておく。土塊が大きいと土壌が乾燥しやすくなるから、とくに砕土はていねいにおこなう。

土壌酸度の調節にはリン酸資材や石灰資材を用い、土壌pHが六・〇～六・五になるようにする。とくに火山灰土壌のほ場ではリン酸の吸収係数が高く、リン酸の肥効が悪い。リン酸がほ場に不足している場合には、土壌中のリン酸が五〇～七〇ミリグラムになるようにリン酸資材を施用する。リン酸に含まれるアルカリ分によって土壌のpHは上昇する。それでも土壌のpH値が目標より低い場合には、さらに苦土石灰などの石灰資材を施用する。

堆肥は完熟したものを一〇アール当たり二トン施用する。未熟堆肥を大量施用すると、根を傷めるばかりでなく、生育後半の球肥大期に肥効が強くあらわれて、球割れが発生しやすくなるので、なるべく避ける。

③元　肥

元肥は、堆肥に含まれる肥料分やほ場に集積している肥料分なども考慮に入れ、多肥にならないように注意して施す。

〈普通栽培〉

普通栽培の施肥例は、表4―3のとおりである。

普通栽培では、雨によって肥料が流亡しやすい。りん茎の肥大・成熟に長い期間が必要なニンニク栽培では、元肥に全量施肥しても途中で肥料不足となってしまう。そのため、普通栽培の施肥は、元肥と追肥に分けておこなう。

表4—3　普通栽培の施肥例（10a当たり，単位：kg）

	肥料名	施肥量	成分量		
			チッ素	リン酸	カリ
元肥	牛ふん堆肥	2,000	8	8	6
	苦土石灰	100			
	苦土重焼リン	60		21	
	CDU 555	60	9	9	9
追肥（1回目）	NK化成	20	3.2		3.2
（2回目）	NK化成	20	3.2		3.2
施肥成分量			23.4	38	21.4

牛ふん堆肥の肥料成分はチッ素，リン酸が0.4%，カリが0.3%として計算

元肥は、一〇アール当たりチッ素一七〜二〇キロ、カリ一五〜二〇キロ、リン酸三八〜四〇キロを施用する。

追肥は二回に分けておこない、寒冷地では四月上旬と五月上旬、暖地では二月上旬と三月上旬に、チッ素とカリをそれぞれ三〜四キロ施用する。

〈マルチ栽培〉

マルチ栽培の施肥例は、表4—4のとおりである。

マルチ栽培は、普通栽培にくらべ肥料の流亡が少ない。したがって、CDU化成のような緩効性肥料を全量元肥で施用する。

ただし、越冬後に葉色が薄くなってチッ素不足と判断されるときは、追肥としてチッ素とカリそれぞれ二〜三キロをほ場全面に散布する。

マルチをしていると追肥の効果が遅れやすいから、追肥は降雨が予想されるときにおこなうとよい。また、液肥を用いると、かん水と同時に追肥をおこなうこともで

表4−4　マルチ栽培の施肥例（10a当たり，単位：kg）

	肥料名	施肥量	成分量		
			チッ素	リン酸	カリ
元肥	牛ふん堆肥	2,000	8	8	6
	苦土石灰	100			
	苦土重焼リン	60		21	
	CDU 555	100	15	15	15
追肥（チッ素不足の場合だけ）	NK化成	12.5	2		2
施肥成分量			25	44	23

きるので便利である。

マルチ栽培では、植付け後の気温が高く経過した年には、肥効が早くでることがある。そうした場合、チッ素の施肥量が多すぎると越冬前の生育が進みすぎ、葉が展開して寒害によって葉の損傷を受けやすくなるので注意が必要である。

また、生育の旺盛な球肥大期の中盤から後半にかけての気温が高くなる時期も、肥効が強くでて、球割れの原因となりやすい。

いずれにしても、過剰施肥は収量減や品質低下の大きな要因となるので、元肥の施用量が多くならないよう注意する。

④うね立て

〈普通栽培〉

うね立てする場合は、うねの表面が平らになるようによく砕土しておく。植付け一週間前まではうね立てをすませておく。

うね幅は一三〇～一五〇センチとする。通路は作業がしやすいよう三〇～四〇センチは確保する。現在では機械で耕起・砕土・うね立てするため、歩行型の耕耘機では一三〇センチ、乗用トラクタでは一五〇センチと広くなる。球ニンニク栽培では、収量や品質の点から一〇アール当たりの株数を二万株確保するとなると、四条植えとなる。この幅であれば両側から二人で二条ずつ植付けできるので作業がスムーズに進む。反対に、うね幅が狭くうね数が多くなると通路部分が多くなり、株間が狭く株同士が接触して蒸れやすくなり、りん茎の肥大が悪くなる。

うねの高さは、水田転換畑では排水対策を考えて二〇センチを確保しておく。

〈マルチ栽培〉

マルチ栽培では、晴天日の風が弱いときにマルチングをおこなう。風が強いとマルチのフィルムの下に風が入り込み、うね面に密着しなかったりすそがはがれたりして、植付け後のうね管理にかえって手間がかかる。

小規模栽培では、歩行型耕耘機にマルチャーをセットしてマルチすればよい（図4—4）。大規模栽培では、乗用型トラクタにマルチャーをセットしてマルチする。

マルチの資材は、幅一三〇センチぐらいで穴のあいている農業用ポリを使う。もし、穴のあいたマルチが手に入らない場合には、木材の切れ端などを利用して穴あけ道具をつくるとよい（図4—5）。

図4—4　マルチ作業（水田転換畑）
うね面に密着するようにマルチするのがコツである

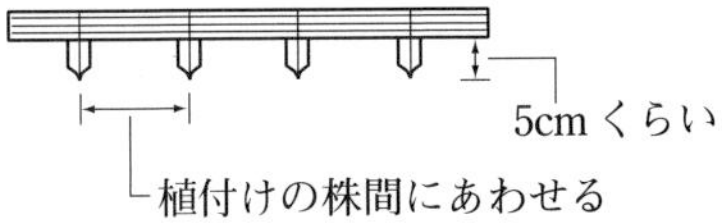

図4—5　穴あけ用の道具

マルチは土壌の水分を保持して乾燥防止と肥料の流亡を防ぎ、地温を上昇させるなどの効果がある。また、土の締まりや雑草の発生を防止できる。

ポリマルチの種類には、透明、黒色、緑色などがあり、それぞれに特徴があるので、目的によって使い分けるとよい。一般に透明ポリマルチは地温上昇効果が高く、生育が促進されて、黒色や緑色のマルチよりも収穫時期が数日早まる。ただし、雑草抑制効果は高くはない。

黒ポリマルチは、地温上昇効果は少ないが、雑草抑制効果が高い。緑色ポリマルチは、透明と黒色の中間程度の地温上昇効果があり、雑草抑制効果もある。

栽培面積が大きい場合には、資材を使い分けると収穫時期を調

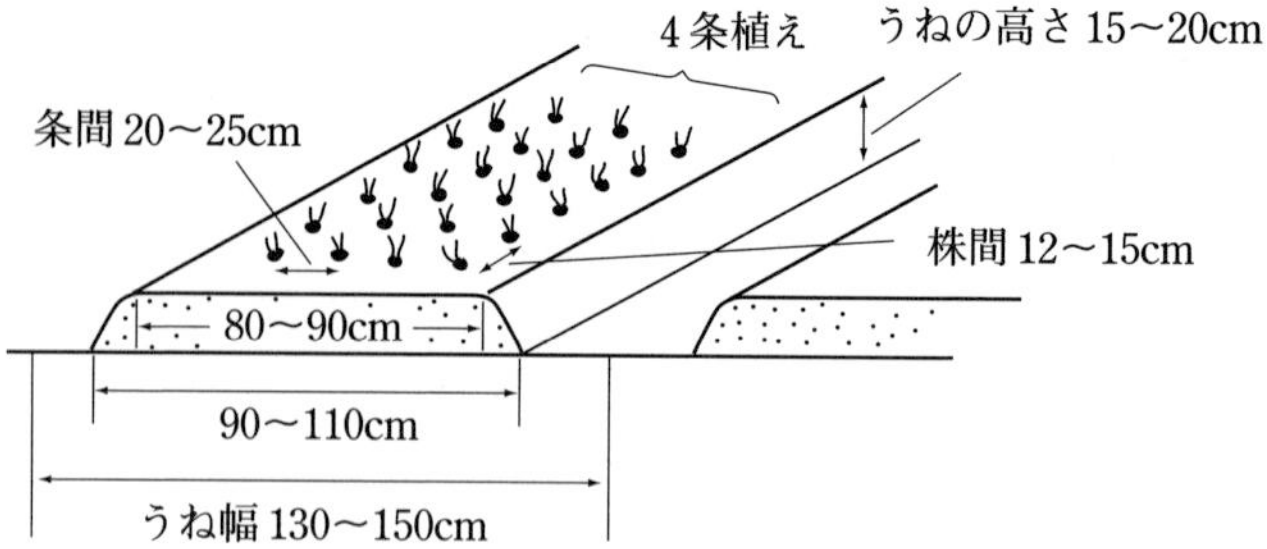

図4―6　りん片の栽植距離

節できるので、収穫作業の集中を避けることができる。

(3)　植付けの手順

①植付時期と栽植距離（図4―6）

植付時期は、品種の特性にあわせて、地域における作型の適期におこなうことが大切である。とくに寒地や寒冷地では植付けの適期幅が狭く、平均気温が一五℃以上の九月下旬が適期である。植付け時期が遅れると生育が遅れて、越冬までに葉数や根量を十分確保できず、球の肥大が悪く、収量・品質とも低下する（表4―5）。暖地では九月下旬〜十月中旬とやや適期幅は広いものの、植付け時期が遅れるとやはり球の肥大は悪くなる。

栽植距離は植え付けるりん片の大きさにあわせて調整する。一〇グラム未満の小さいりん片を使う場合は、うね幅一三〇センチ、株間一二センチ程度と密植にする。一五グラム以上の大きいりん片の場合はうね幅一五〇センチ、株間一五センチと疎

表4—5　寒冷地における植付け時期と収量

（10a 当たり，単位：kg）
（青森畑園試，1988）

植付け時期	総収量	上物（M 以上）収量	L～2L 割合
9月24日	1,301	1,203	76％
10月 8日	1,263	1,181	68
10月15日	1,059	1,032	40

透明ポリマルチ栽培，品種：福地ホワイト

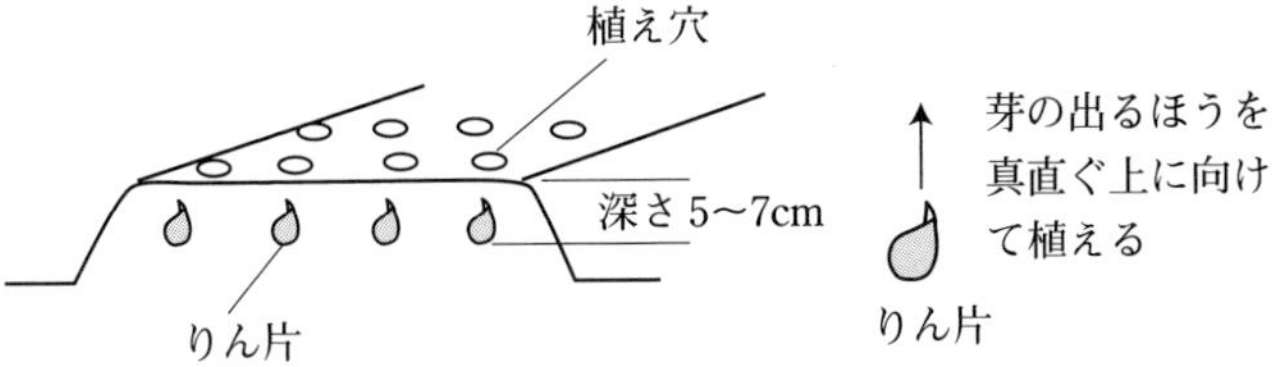

図4—7　植付けの方法

植にする。

②種子消毒

植付け直前には、黒腐菌核病の発病を防ぐため、種子消毒をおこなう。

種子消毒する場合には、スミレックス水和剤を種子重量の〇・四％量湿粉衣する。湿粉衣のやり方は、種子一〇キロを水二〇〇ミリリットルで湿らせてから、薬剤四〇グラムが種子の表面によく付着するように全体を混ぜる。

③植付け方（図4—7）

植え付けるときは、りん片の頂部を真直ぐ上に向ける。りん片が逆さになったり、頂部が横向きになると、花茎が曲がって球の外観が悪くなったり、芽がマルチの穴から出ることができずに葉が腐ったりしやす

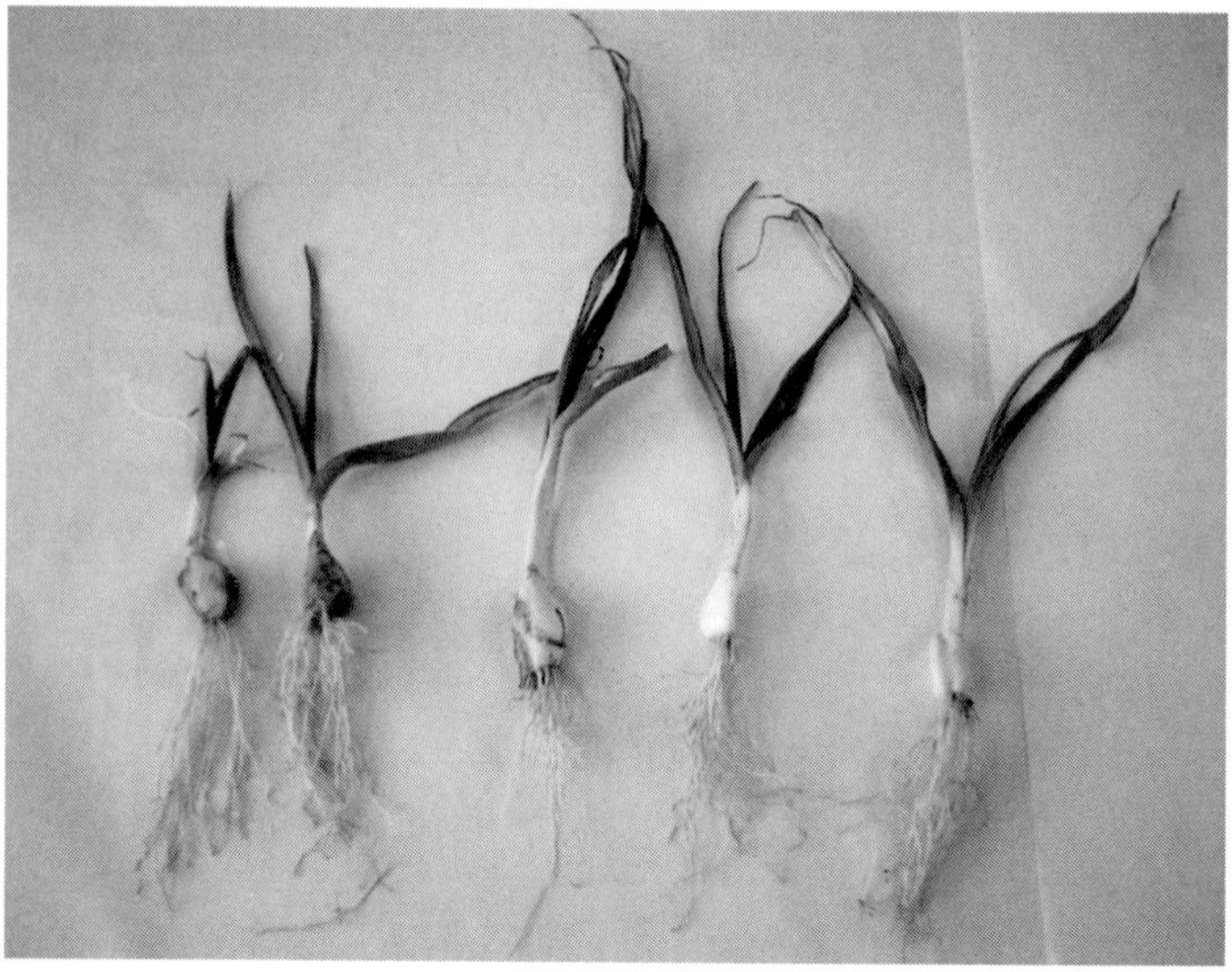

図4−8　凍上害を受けた株
葉身がねじれ，葉の先端が黄変して枯れている

い。

植付けの深さは、五〜七センチにして上に土をかける。深く植えすぎると萌芽が遅れ、浅すぎると寒地や寒冷地では凍上害を受けて生育が悪くなる（図4―8）。マルチ栽培ではきちんと穴の中央に植える。

うねが乾燥しているようであれば、植付け後に十分かん水する。

(4)　植付け後から収穫までの管理

①かん水

寒冷地の栽培は植付け後、冬に向かい降雨が多くなるため、越冬前のかん水はほとんど必要がない。しかし、暖地の普通栽培では、生育量の増加は冬に向かう

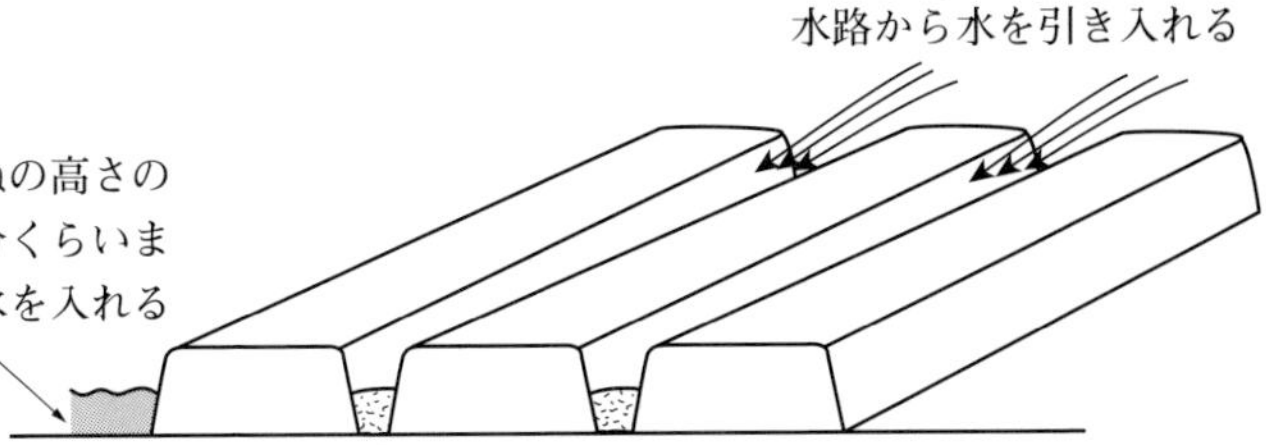
うねの高さの半分くらいまで水を入れる
肥料袋に土を詰めたものをうね間において水を止める

図4―9　うね間かん水のやり方

ためゆるやかであるが、土壌の乾燥が進むと萌芽が遅れたり生育が不ぞろいになりやすいので、適宜かん水をおこなう。

ニンニクの生育段階でかん水がもっとも重要となるのは、りん片の肥大が進む球肥大期である。寒冷地では四月下旬から六月上旬にかけて、暖地では二月下旬から四月上旬にかけて、かん水は欠かせない。水分が不足しないよう適宜かん水する。

かん水方法としては、うね間かん水やホースかん水が主におこなわれている。

水田転換畑を利用した普通栽培では、主にうね間かん水がおこなわれている（図4―9）。用水路からうね間に水を引き入れ、うねの高さの中間ぐらいまで水を入れる。数本のうねごとに水を入れると効率よくかん水できる。かん水量は一時間ほどで水がひく程度が目安となる。それ以上長い時間水が停滞していると、ほ場が多湿となって病気が発生しやすいので注意する。かん水は午前八時以降からはじめ、午前中に終えるようにする。

マルチ栽培でも土壌が乾燥している場合には、かん水の効果が高く球の肥大促進に役立つ。水田転換畑やそれに近いほ場条件でマルチ栽培している場合には、通路表面の亀裂が深くなる前に普通栽培と同様にうね間かん水すればよい。普通栽培ほど土壌は乾燥しないので、かん水量は少なく、かん水時間も短くする。

ホースかん水は、水源が畑の近くにない場合には水を運搬する手間はかかるが、畑の乾燥状況を観察しながらかん水量が調節でき、かん水ムラも少なく効果的である。

②雑草対策

植付け後二〜三日ぐらいに天気がよく風のない日を見計らって、雑草の発生する前に除草剤を散布する。

雑草が繁茂すると、生育が抑制されたり蒸れたりして病気が発生しやすくなり、そのまま放置しておくと害虫が発生する原因にもなる。そのため除草は雑草が小さいうちにおこなうようにする。

使用する除草剤は、土壌処理剤のゴーゴーサン細粒剤Fかトレファノサイド粒剤がよい（表4—6）。また、シマジン水和剤やロロックス水和剤を使ってもよい。これらの除草剤は雑草が発生してから散布しても効果がないので、雑草の発生する前に散布する。散布にあたっては使用基準や量を守りムラができないようにていねいに散布するよう心がける。

表4—6　主な除草剤による雑草防除法

除草剤名	使用量（10a当たり）	使用時期	使用方法
シマジン水和剤	50〜100g	植付け後	雑草発生前全面土壌散布
ロロックス水和剤	100〜150g	植付け後	雑草発生前全面土壌散布
ゴーゴーサン乳剤	300〜400ml	植付け後	雑草発生前全面土壌散布
クレマート乳剤	200〜400ml	植付け後	雑草発生前全面土壌散布
トレファノサイド粒剤2.5	5kg	植付け後または春期中耕除草後	雑草発生前全面土壌散布
ゴーゴーサン細粒剤F	4〜6kg	植付け後	雑草発生前全面土壌散布

なお、基準量を超えた散布や重複散布などは薬害発生の原因となる。薬害が起こった場合、葉が白変したり根がちぢれるなどの症状が現われる。薬害は発生してしまうと対処法がないため、使用量を守り適正に使用する。

〈普通栽培〉

除草剤の散布前に雑草が発生している場合、手作業で除草してから除草剤を散布機でほ場全面にムラなく散布する。暖地では植付け直後に除草剤を散布しても一カ月ぐらいたつと再び雑草の発生がみられることが多いので、除草はまめにおこなうようにする。

〈マルチ栽培〉

マルチの種類によっては、あらかじめポリマルチに除草剤を含ませたものがあり、そうしたものを利用すれば除草作業を簡略化できる。除草剤を含んだポリマルチをしている場合は、植え穴や通路の雑草を手取りしてから、通路だけに除草剤を散布する。その場合の除草剤の使用量は、通路の面積に相当する薬量でよい。

③一本立て（芽かき）

植付け後、葉数が二〜三枚のときに一カ所の株元から二本芽が出ている場合がある。こうした場合には、小さい株を抜いて大きい株を残す一本立ての作業が必要となる。株元の土をすこしよけて、大きい芽の株元を押さえながら小さい芽のほうを裂くように抜き取る（図4—10）。

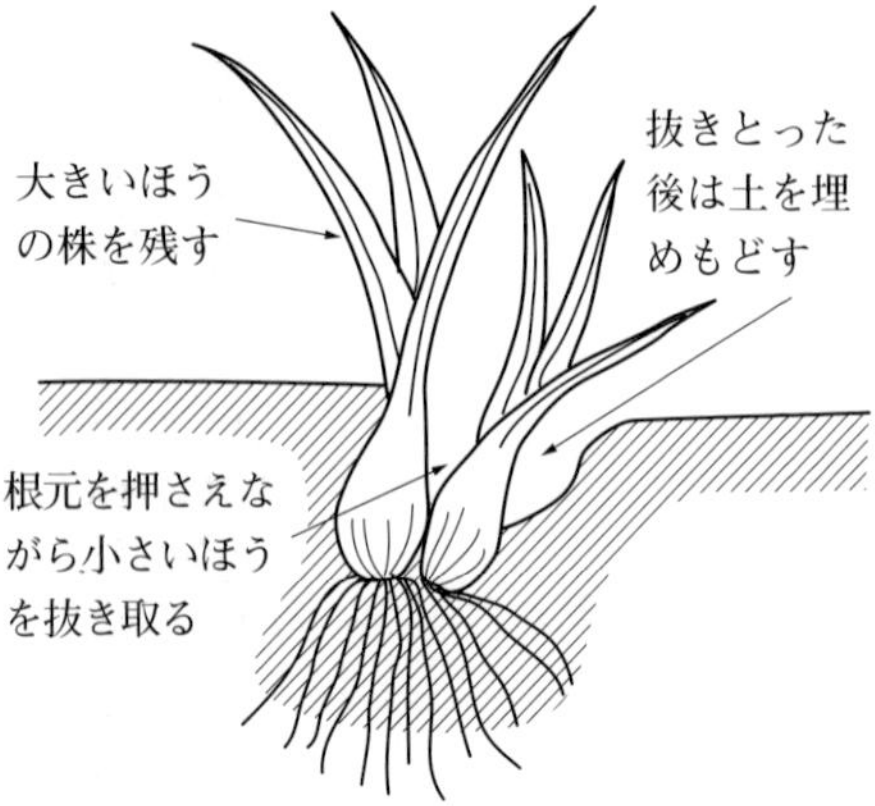
抜きとった後は土を埋めもどす
大きいほうの株を残す
根元を押さえながら小さいほうを抜き取る

図4—10　一本立て（芽かき）の仕方

一本立てが遅れると、株の生育が遅れて球の肥大が悪くなるので早めにおこなう。暖地では普通栽培、マルチ栽培ともに一本立て作業は年内に早めにおこなう。寒冷地でも普通栽培、マルチ栽培ともに越冬直後の四月中旬ごろにおこなう。

④追　肥

〈普通栽培〉

追肥はＮＫ化成のような速効性の肥料を使って二回おこなう。寒冷地では一回目は四月上旬、二回目は五月上旬に、暖地では一回目は二月上旬、二回目は三月上旬にチッ素とカリを各三～四キロ、畑全体に散布する。

〈マルチ栽培〉

マルチ栽培では、暖地、寒冷地とも基本的に追肥は必要ない。しかし、葉色が薄くなっていればチッ素が不足している状態であるので、そのときは追肥を一回だけおこなう。普通栽培と同様にＮＫ化成のような速効性の肥料を使って、チッ素とカリを二～三キロ施用する。

⑤とう摘み

越冬後、平均気温が一五℃前後になると、越冬中に花芽分化した花茎が抽だいしてくる。時期はおおよそ暖地では四月上旬ごろ、寒冷地では六月上旬ごろになる。抽だいした花茎をそのまま伸ばしておくとりん茎の肥大が悪くなるので、畑全体の株が抽だいするのを待たずに、葉鞘内からとうが出てきた株から順に手で摘み取る。品種によって抽だいの姿にちがいがあるが、一般にとうが短い品種ほど抽だいの時期はまちまちである。

⑥球割れ防止対策

球割れは、生育がもっとも盛んな球肥大期の後半から球の肥大がピークに達する成熟期の直前にかけて発生してくる。追肥の時期が遅れたり、堆肥の施用量が多いと、生育が旺盛な球肥大期から成熟期にかけてチッ素吸収量が多すぎて、球割れを起こす。

球割れの発生を少なくするためには、この時期のチッ素の吸収がしだいに減少することが望ましい。すでに畑に施用した堆肥や追肥は取り除くことができないが、不足した分は追肥によって補えるので、土づくりやほ場の準備の段階から合理的な施肥設計を立てるように努める。

なお、この期間に草勢が強まって球割れを起こしそうな場合は、かん水を控えることによって肥効を調節し、球割れを防止することも多少は期待できるので、できるだけかん水を控えることが重要である。

(5) 病害虫の防除

越冬前は病害虫の発生が少ないが、越冬後は生育が進むにつれて病害虫の発生が多くなるから、適期防除に努める。主要な病害虫とその発生症状などについて解説する（表4―7）。

①春腐病（図4―11）

主に越冬後に葉や葉鞘から発病する（図4―12）。発病が激しいと、球まで腐敗し軟化する。排水不良やチッ素過剰の畑で発生しやすい。細菌性の病気であるが、腐っても悪臭はしない。発病時期は越冬後が多いが、マルチ早熟栽培では、越冬前でも発生することがある。降雨によって腐敗が進み、晴天になると病斑部が乾いて、病気の勢いが弱まる。腐敗株は見つけしだい抜き取り処分する。

②葉枯病（図4―13）

越冬後の高温・多湿条件で発生する。草勢が弱まったときにも発生しやすい。葉の表面に、はじめ赤紫色で長円形の病斑が発生する（図4―14）。その後、病斑上に黒いススのようなカビが密生する。病気が進むと葉が枯れ上がり、生育停止して球の肥大も悪くなり収量・品質に影響する。被害株は、収穫後に茎葉を焼却する。

③さび病（図4―15）

チッ素過剰の畑で発生しやすい。越冬前にも発生し、近くにネギ畑があると伝染しやすい。葉の表面などに、橙黄色のサビ状の病斑が発生する。ネギに発生するさび病と同じである。アサツキやノビルも伝染源となるので、畑の周囲にあるものはできれば抜き取る。

④黒腐菌核病（図4―16）

植付け後から収穫期まで発生する。根元から発病し、発病初期は地上部がしおれたり、葉が黄変して生育が悪くなる。萌芽が遅れたり、地下部が腐敗して欠株の原因となる。地下部を掘り上げてみると、球の表面に黒いゴマ粒ほどの菌核が密生している（図4―17）。連作によって発生が助長されやすいから、被害株は、速やかに掘り上げて焼却する。

⑤紅色根腐病（図4―18）

生育の後期に根元から発生し、収穫間際になって葉が健全株より早く枯れ上がり、根が紅色になっ

症状・被害と防除法

薬剤防除法		
薬剤名	使用倍数	使用時期
Zボルドー コサイドDF	500倍 1,000倍	生育期
ポリベリン水和剤 ダコニール1000	1,000～1,500倍 1,000倍	生育期
バイレトン水和剤5 ラリー乳剤	400倍 4,000倍	生育期
スミレックス水和剤	種子重量の0.4%	植付け前
ガスタード微粒剤	30kg/10a	土壌処理
フローバックDF オルトラン水和剤	1,000～2,000倍 1,000倍	生育期
ベンレートT水和剤20	種子重量の1%	植付け前

(※農薬登録は2007年1月現在)

表4—7　主な病害虫の

病気・害虫名		発生の特徴，時期，病気の症状と被害		
		発生の特徴・発生しやすい条件	主な発生時期	症状の特徴と被害
病気	春腐病	排水不良の畑，チッ素過多の畑で発生しやすい	越冬後（マルチ早熟栽培では越冬前も発生）	葉や葉鞘から発病し，軟化腐敗する
	葉枯病	草勢が弱いとき，高温多湿で発生	越冬後	葉や葉鞘から発病
	さび病	チッ素過多の畑	越冬前から越冬後	葉の表面に橙黄色のサビ状の病斑
	黒腐菌核病	連作したほ場や排水不良の畑，チッ素過多で発生しやすい	植付け後から収穫期	地上部のしおれ，葉の黄変がおき，球の表面に黒いゴマ粒ほどの菌核が密生する。被害球は種球として使用できない
	紅色根腐病	連作したほ場や排水不良の畑で発生しやすい	生育後期	葉が枯れ上がり，根が紅色になって腐敗する
害虫	ネギコガ	高温時期に発生が多い	越冬後	幼虫が葉などにもぐり込んで食害する
	イモグサレセンチュウ	連作したほ場	越冬前から越冬後	生育初期では萌芽遅れや欠株になる 生育中期～後期では下位葉から黄変が始まり，上位葉・全体へと広がり，株全体が枯れる。被害球は種球として使用できない

図4―11　春腐病の症状（マルチ栽培）
下位葉の葉身が枯れている

図4―12　春腐病の症状が進み葉鞘部が軟化した株（マルチ栽培）

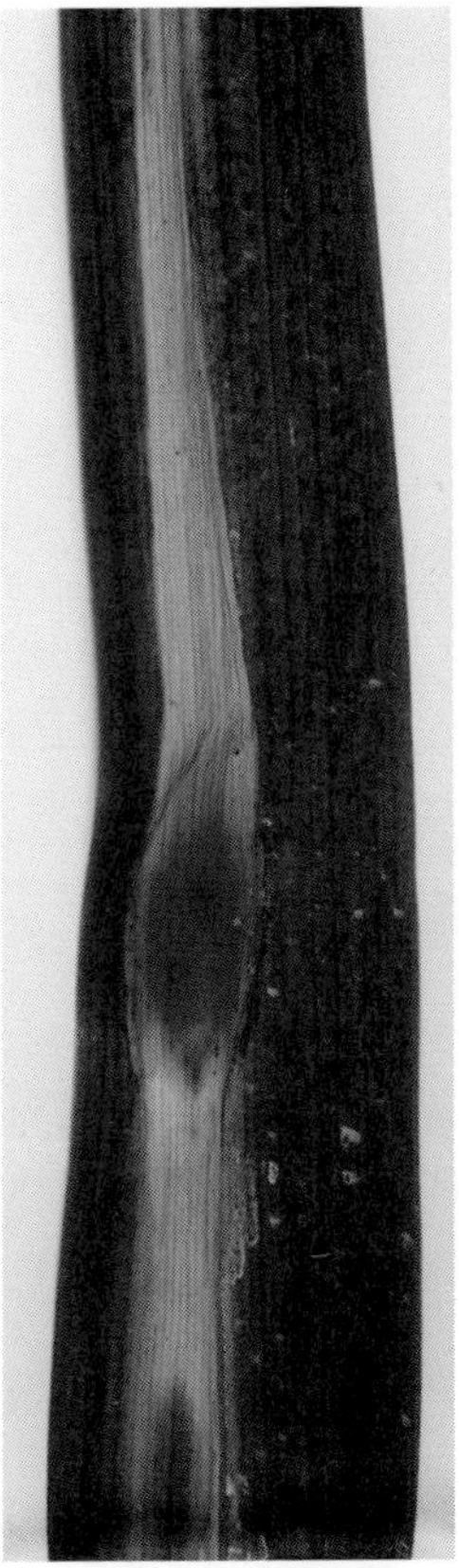

図4—14　葉の病徴
葉枯病の病徴

図4—13　葉枯病の被害株
葉枯病の発生によって中・上位葉が枯れた株

図4－15　さび病
葉の表面に橙黄色のサビ状の病斑が発生している（写真提供：鷲尾貞夫氏）

図4－16　黒腐菌核病の発生状況
坪枯れ状態に畑のところどころが枯れて枯死する

図4—17　黒腐菌核病の症状
球に黒いゴマ粒状の菌核が密集している

図4—18　紅色根腐病
正常株（左）と紅色根腐病になった株（右）。罹病株は根が紅色になって腐敗し，玉の肥大が悪い。(写真提供：鷲尾貞夫氏)

図4―19　イモグサレセンチュウによる被害の症状

収穫期間近に見られる症状。症状が進むと下位葉が黄化する

て腐敗する。普通栽培よりマルチ栽培で発生が多く、根の腐敗によって球の肥大は悪くなる。土壌伝染性の病気であるから、連作を避ける。

⑥ネギコガ

高温期に発生し、幼虫が葉などにもぐり込み食害する。食害を受けたところは、透

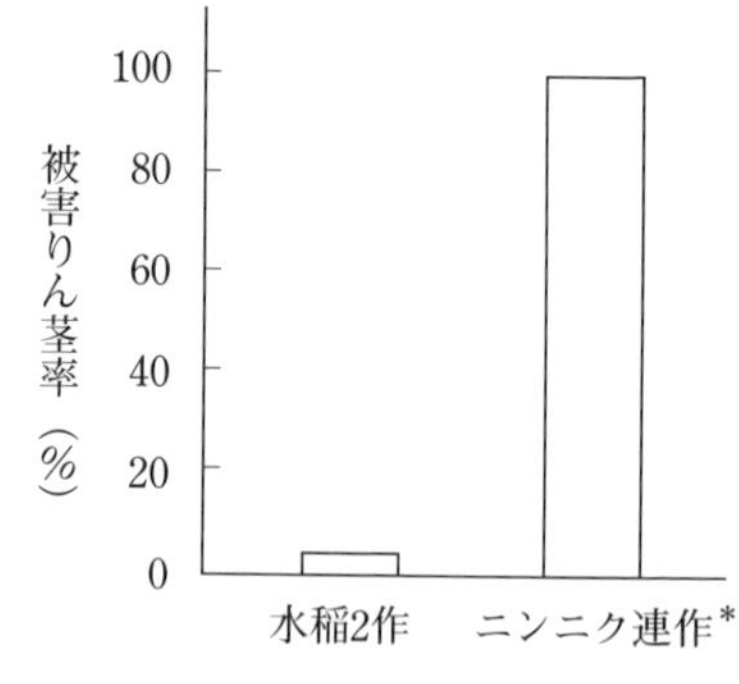

図4―20　水稲の作付けとイモグサレセンチュウの被害

（青森農試・青森畑園試，1996）

*イモグサレセンチュウの発生が甚だしい水田転換畑

被害りん茎率は収穫後100日以上貯蔵したりん茎の被害率である

かしてみるとスジ状にみえるが、外部からは、幼虫をなかなか見ることができない。

⑦イモグサレセンチュウ（図4—19）

種球にこのセンチュウが寄生していれば、生育初期では萌芽が遅れたり、欠株が発生する。生育中期から後期にかけては、下位葉から黄化がはじまり、しだいに上位へと移り、葉が枯れて生育が悪くなる。地下部では、根元が褐変して腐敗するため、発病が激しいと収量・品質に大きな影響を及ぼす。収穫後も、根や盤茎部に寄生したセンチュウは、りん片の中に侵入する。被害の大きい球は、球抜けの状態となってしまう。

耕種的防除法として、以下の方法がある。汚染された種球を使用しない。収穫後直ちに根を切り取り、温風暖房機で強制乾燥させる。発生地では、二年間水田にもどし水稲を作付けする。水田にもどすとセンチュウの密度を低下させ、被害を軽減するのに役立つ（図4—20）。

(6)　収穫と収穫後の管理

①収穫時期の判断

収穫時期は、葉とりん茎の状況を総合的にみて判断する。収穫適期の目安は、葉の状態が下位からしだいに枯れ上がってきて株全体の葉が三〇～五〇％黄変したころ、または株を試し掘りしてりん茎の盤茎部とりん茎の尻部がほぼ平行になったころである（図4—21）。

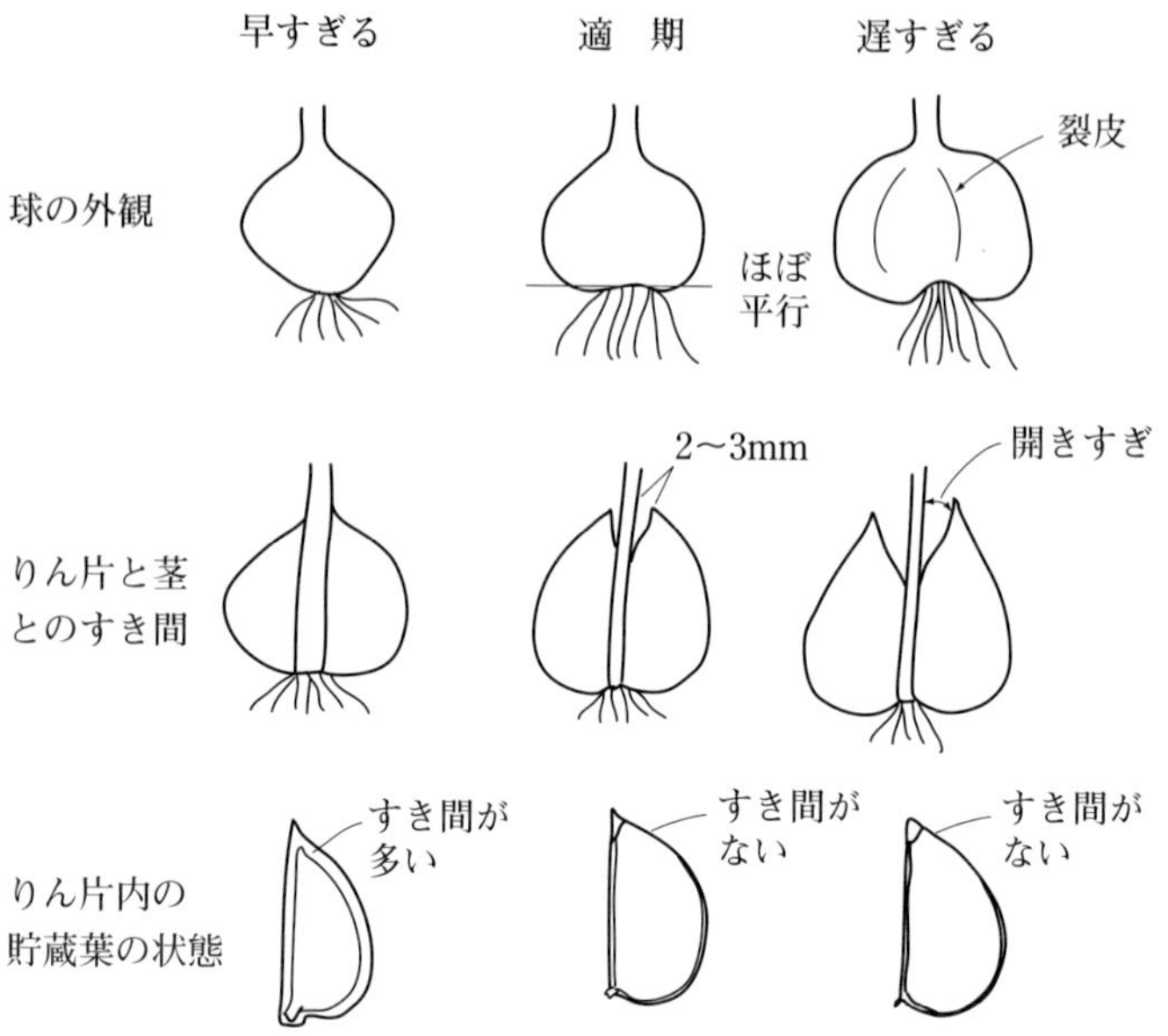

図4−21　球の外観などによる収穫適期の判定方法

収穫適期をすぎると球割れして球の色ツヤも悪くなる（図4―22）。茎葉が枯れはじめても球の肥大は続いているので、球割れがおきる前に収穫するよう、球の生育に注意しておく。

寒地や寒冷地では収穫時期は降雨の多い時期にあたるから、天気予報に注意して、収穫作業は晴天日に計画的におこなう。降雨の中で収穫すると、球が土で汚れたり土が落ちにくいことがあり、乾燥中に腐敗球が発生しやすい。

マルチ栽培では普通栽培より生育が早まるため、葉の枯れ上がりが早く、球割れの時期も一週間程度早くなる。

②収穫の仕方

収穫は、手掘りか機械掘りでおこなう。マルチ栽培では、ポリマルチを先にはがして畑の外に出してから収穫する。

手掘りの場合は、収穫する前にトラクタに根切り板を装着して走行し、あらかじめ根を切断しておくと作業がしやすい（図4―23）。収穫したら球についている根は、根元からハサミやカマで切り落とす（図4―24）。納屋で棒がけして自然乾燥する場合には、茎葉を三分の一ほど切り落とし、一〇株くらいずつ束ねて納屋に収納する。ビニールハウス内で自然乾燥する場合には、乾燥中に蒸れて腐らないよう茎葉を一〇センチ程度残して切り落とし、ネット袋か出

図4―22　適期より遅れて収穫した球
太りは良いものの裂皮したり，色，ツヤが悪い

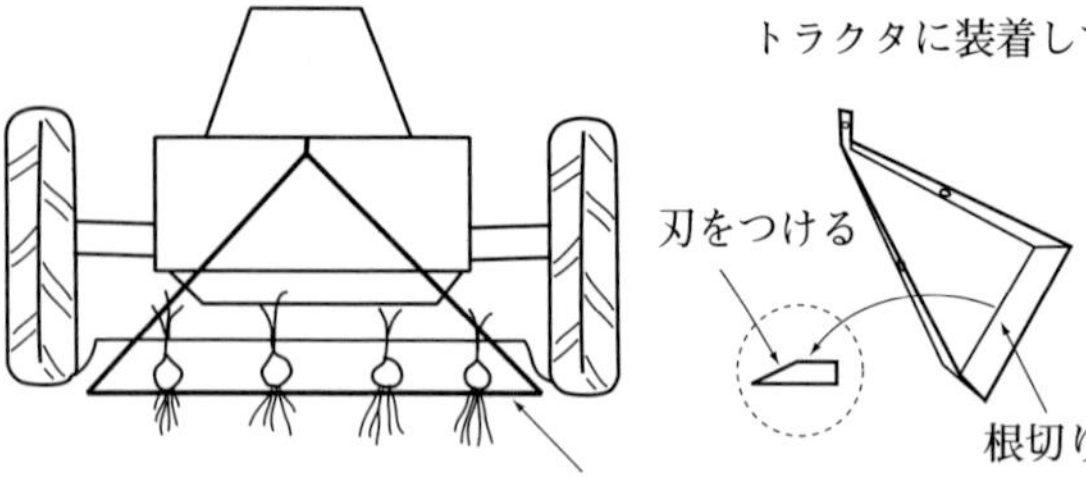

図4−23 根切り板の使い方

抜き取りやすいように根をあらかじめ荒切りするために使う

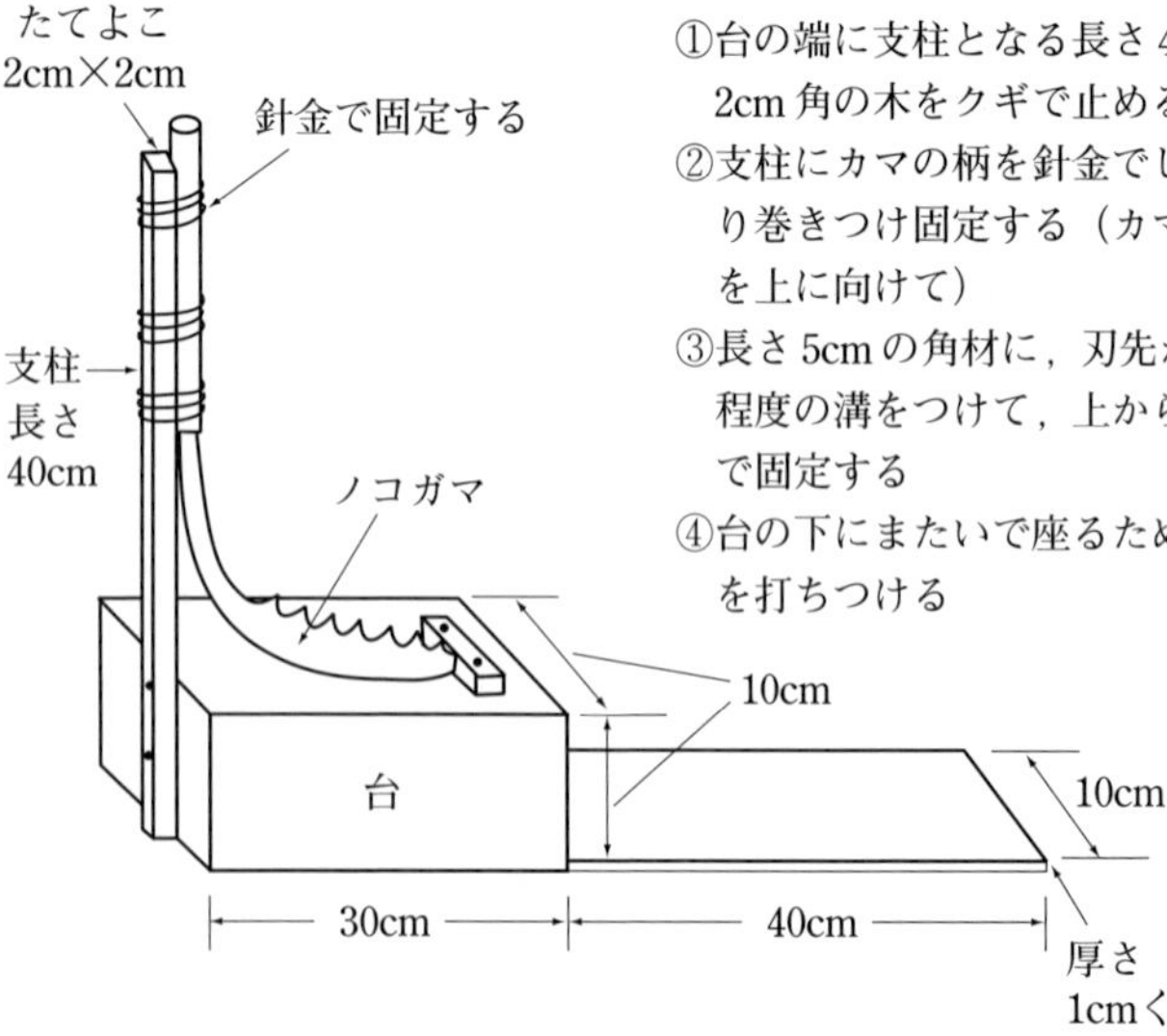

①台の端に支柱となる長さ40cm，2cm角の木をクギで止める
②支柱にカマの柄を針金でしっかり巻きつけ固定する（カマの刃を上に向けて）
③長さ5cmの角材に，刃先が入る程度の溝をつけて，上からクギで固定する
④台の下にまたいで座るための板を打ちつける

図4−24 ノコガマを利用した簡単な根切り器

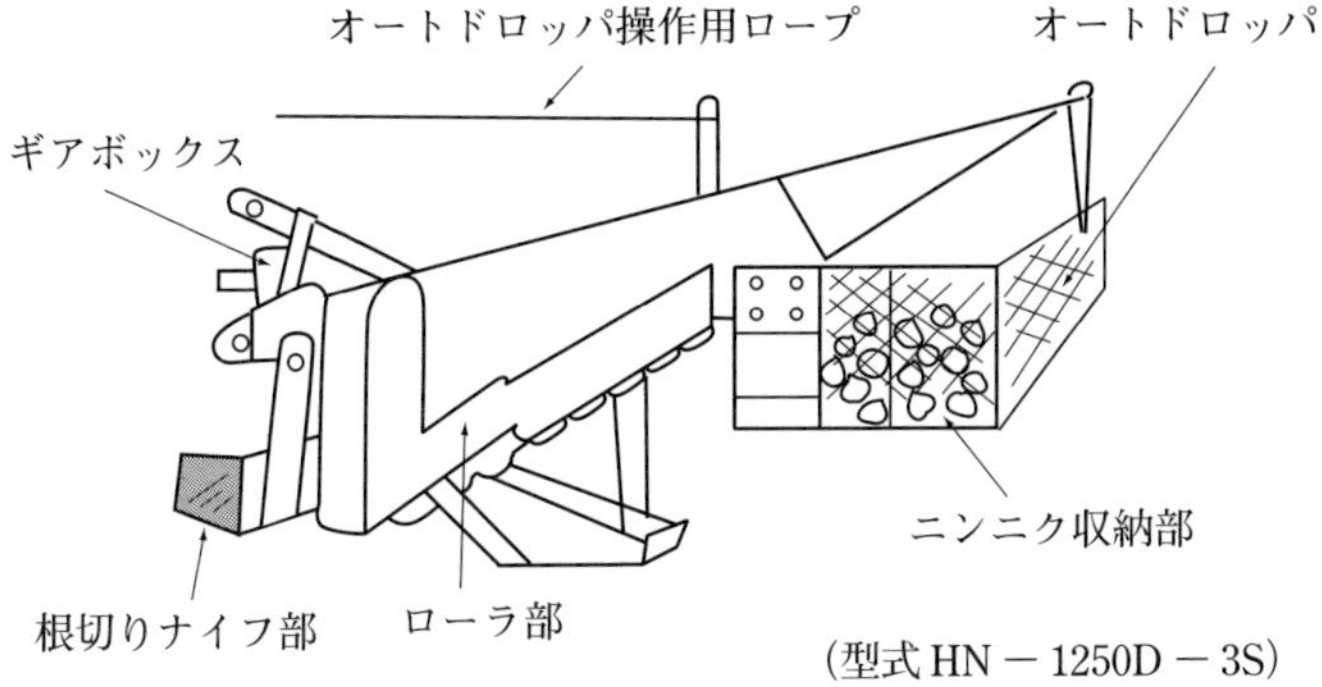

ニンニク掘取機（オートドロッパ方式）による収穫作業

図4－25　ニンニクの収穫作業（下）と掘取機の概要図（上）

荷用コンテナに容量の半分程度に詰めて収納する。

機械掘りの場合は、あらかじめ草刈機で茎葉を一〇センチ程度残して切り落としてから、ニンニク掘取機を使って収穫する（図4－25）。収穫した後は、根を切り落としてからネット袋か出荷用コンテナに容量の半分程度に詰めて収納する。

③収穫後のほ場管理

収穫後、後作を導入する場合に備えて、畑に残したニンニクの残渣は集めて焼却し耕起・整地しておく。

(7) 乾燥

①自然乾燥と機械乾燥

ニンニクは、早出しを目的に生で出荷することもあるが、一般には貯蔵性を高めて出荷時期の調整ができるよう乾燥させる。

乾燥方法には、自然乾燥と機械乾燥がある。

自然乾燥は、風通しのよい納屋の軒下につるしたり納屋やビニールハウスの中で自然に乾燥させる方法である。乾燥機などの機械を必要としないので、経費が少なくてすむ。しかし、乾燥期間中に雨が多いときには、球にカビがはえたりして品質が不安定になりやすい。

一方、機械乾燥は乾燥機や換気扇といった機械に経費が多くかかるが、強制的に温風を送って乾燥するため、品質が安定する。

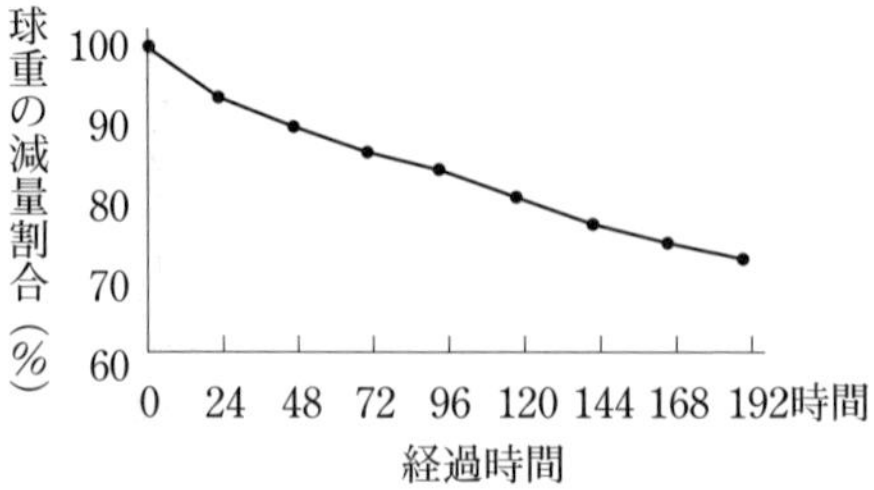

図4−26　球の乾燥の推移（機械乾燥の場合）

乾燥に要する期間は、自然乾燥では三〇〜四〇日、機械乾燥では一週間から一〇日前後である（図4−26）。乾燥の目安は、乾燥後の球の重量が乾燥開始時の二五〜三〇％に減少するまで乾燥させる。

②自然乾燥の方法

乾燥する場所は納屋やビニールハウスを利用する。風通しがよく日陰で雨の当たらない場所である

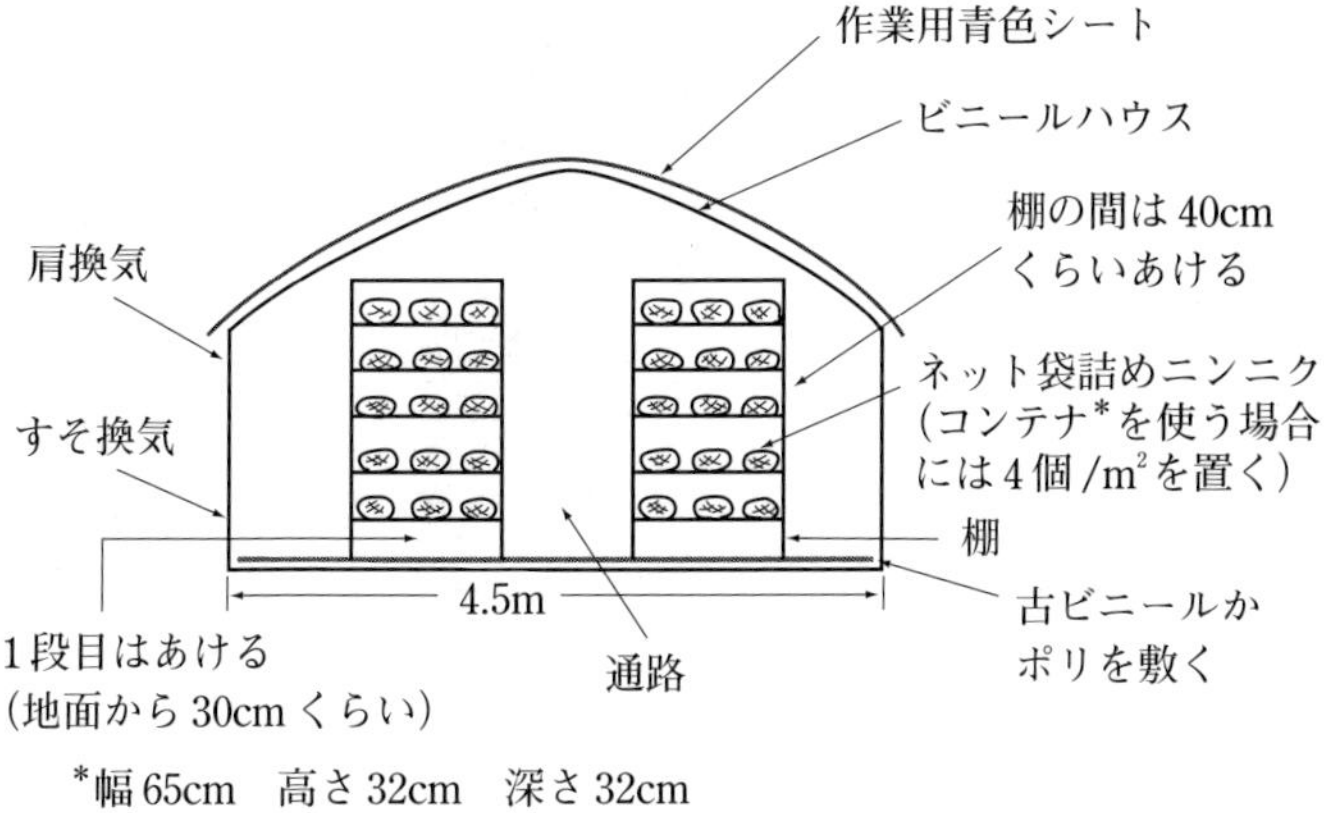

図4―27　ビニールハウスでの自然乾燥の仕方

ことが、自然乾燥の必要条件である。

〈納屋などの場合〉

納屋の中で乾燥する場合には、束ねたニンニクを棒がけにする。風通しが良くなるように束の間はすき間をあけ、窓もできるだけ開放して通風をうながす。一週間に一度くらい乾燥状況をみながら、上下左右と位置を交換して球のカビや腐敗の発生を防ぐ。

〈ビニールハウスの場合〉（図4―27）

ビニールハウス内で乾燥する場合には、両サイドのビニールは、通風をよくするため、雨が入りこまない程度にすそを三〇～四〇センチ上げる。屋根部分などには、青い作業用シートをかけて直射日光を防ぐ。ハウス内の地面にも古ビニールやポリを敷いて、地中からハウス内に水分が蒸発するのを防ぐ。直射日光が当たると、球は青みをおびたりあめ色に変色して品質が低下する。

ハウス内に棚を組み、タマネギ用のネット袋に六～八キロ詰めたものをならべて乾燥する。袋に満杯に入れると、蒸れてカビが発生しやすいから注意する。また、乾燥のしはじめはハウス内の湿度が急激に高くなるから、戸を開放したり、両サイドのビニールを肩まで上げるなどして換気に努める。

乾燥中は一週間に一回、袋の位置を上下や左右にずらし均等に乾燥させる。出荷用コンテナにニンニクを入れ、ハウス内に積んで乾燥することもできる。この場合には、コンテナの底面などにできるだけ穴の多い通気性の良いものを使う。コンテナには六～八キロ詰めて重ねて積み上げる。各コンテナ間にはすき間をとって風通しを良くする。ハウスに換気扇が設置されている場合には、作動させておくと蒸れが少なくなってカビの発生防止に役立つ。

③機械乾燥の方法（図4―28）

機械乾燥は、農業用の温風暖房機を使う。

設置する場所は納屋やビニールハウスで、直射日光が当たらない通風の良い所がよい。温風暖房機の能力は、最大熱出力が毎時五〇〇〇〇KJ以上あればよい。品質を低下させずに機械乾燥するには、乾燥期間中の送風温度を三五℃前後に維持することが大切である。

暖房機の送風口には、温風が部屋全体に均等に行きわたるようにビニールダクトをつけ、棚の下に配置する。ダクトには五〇センチ間隔に直径五センチほどの穴をあけ、ダクトの先端はひもで結ぶ。乾燥中に球からでる水分を部屋の外に排出するため、直径三〇～五〇センチの扇風機を設置する。ま

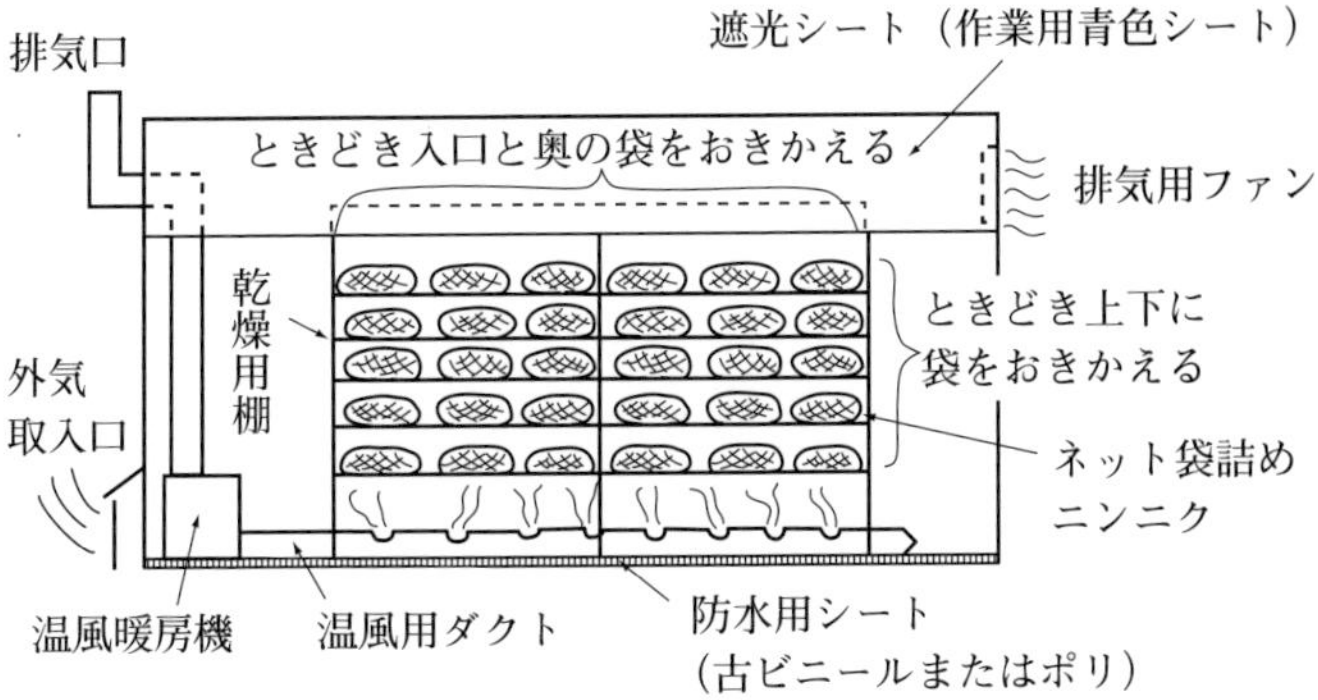

図4－28　機械乾燥の基本的なやり方（ビニールハウス利用の場合）

た、球の乾燥を均一にするため、ネット袋やコンテナの位置を棚の下から上、入り口から奥とときどきかえる。ネット袋や出荷用コンテナは、一平方メートルに四個ぐらいおき、すき間をあけるようにする。

乾燥のはじめは湿度が九〇％をこえるから、戸や窓をあけて湿度を下げる。湿度は昼間四〇％、夜間は六〇％を目標に換気をおこなう。

(8)　貯蔵と調製・荷姿

ニンニクは収穫後休眠に入る。休眠中は自然状態においても、根や芽がでないので容易に貯蔵できる。しかし、低温にさらされて球が休眠からさめると、根や芽が動きはじめて品質は低下する。

休眠は、一般に九月に入るとさめ、ニンニクは発根しはじめるため、納屋などの冷暗所でおこなう普通貯蔵は、貯蔵期間は三～四カ月である。(図４―29)。

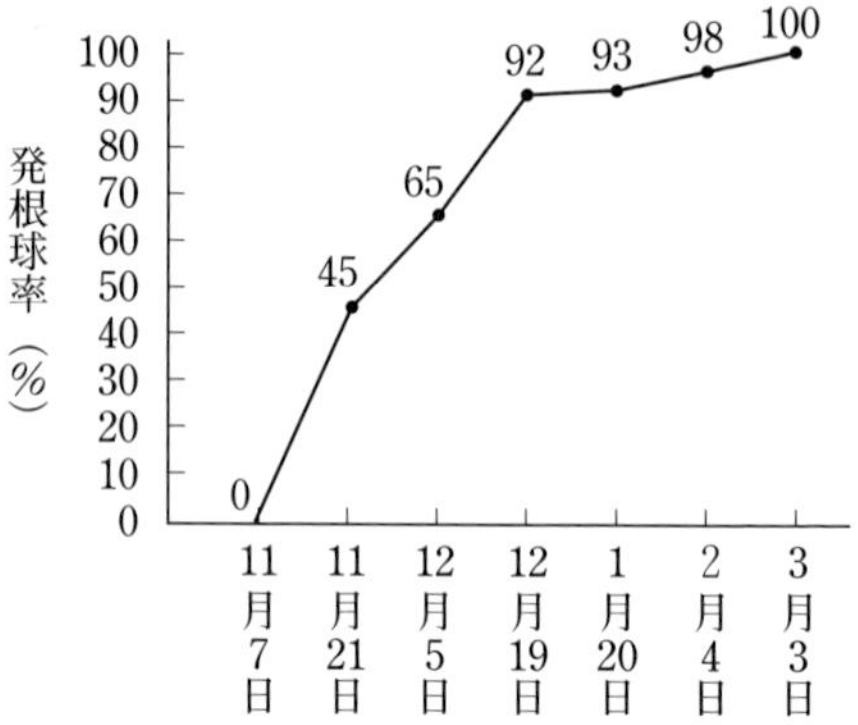

図4―29　普通貯蔵中における根の発生状況

（品種：福地ホワイト）

（青森畑園試，1991～1992）

コンテナに入れて室内貯蔵

休眠がさめると呼吸作用によって、貯蔵養分をしだいに消耗するようになる。このため、貯蔵期間を長くするためには、呼吸作用を抑制して根や芽の動きを止める環境条件下におく必要がある。呼吸作用を抑制するには、凍結しない程度の〇℃前後の低温と湿度七〇～七五％の環境条件を保つ必要がある。

　暖かい地域の品種は、休眠期間が短い傾向にあり貯蔵できる期間も短いので、根や芽がでる前に出荷販売する。

①普通貯蔵の方法

健全な球を選んで貯蔵する。球の色が褐色に変色したり、盤茎部が褐色に軟化したりスポンジ状に変質しているものなど、病害虫の被害を受けている恐れがあるものは貯蔵を避ける。貯蔵するときはネット袋のまま つり下げるか、コンテナに入れて貯蔵する。貯蔵場所は直射日光が当たらず、コンクリート床の風通しの良い涼しい納屋などを選ぶ。軒下につるして乾燥したものは、

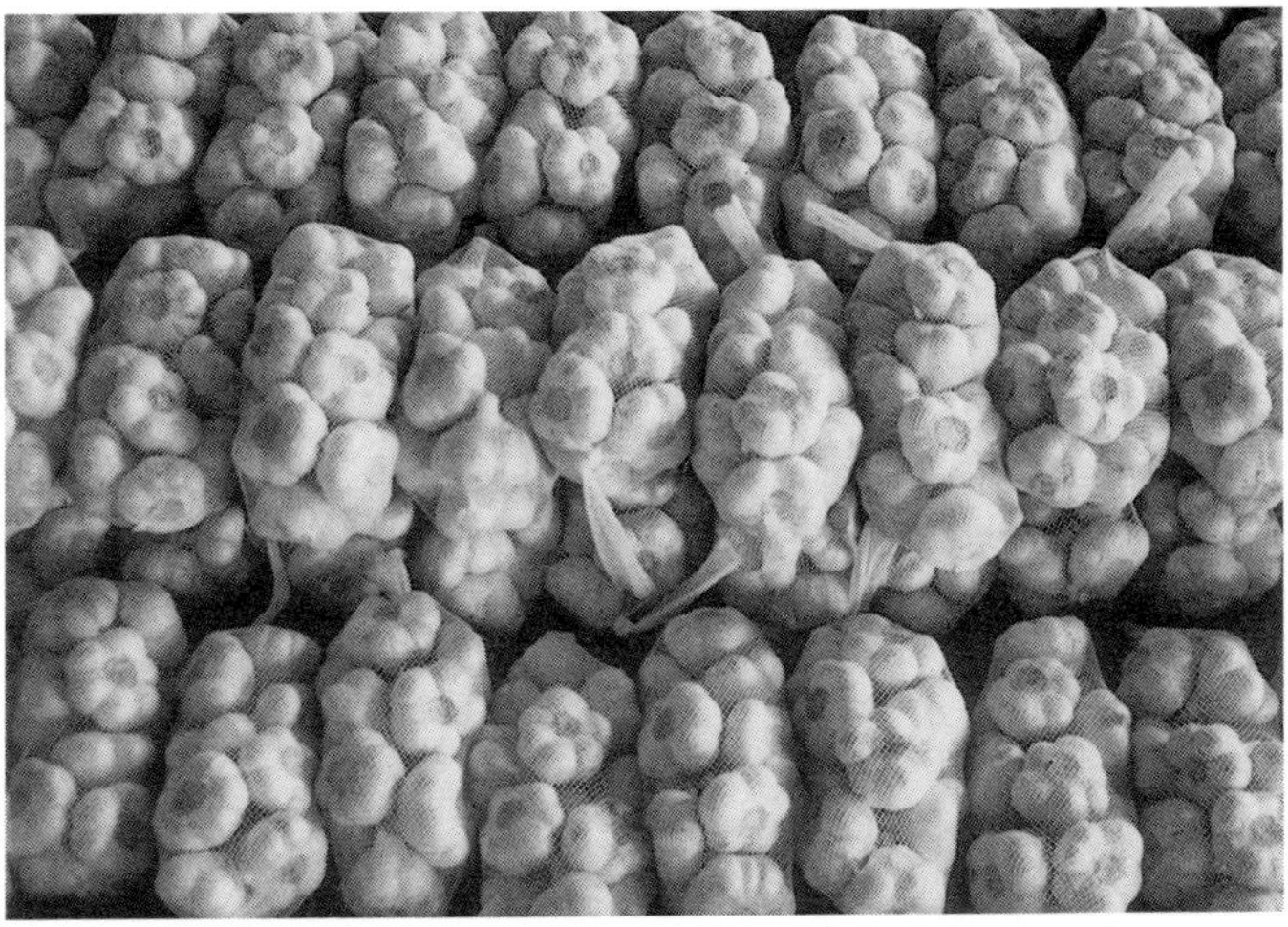

図4—30　白いネット袋に入れられ出荷を待つニンニク

そのままにしておくと、カビが発生したり色ツヤが悪くなるから納屋で貯蔵する。

②冷蔵施設を利用した低温貯蔵

病害虫の発生していない、十分乾燥した球をコンテナに詰めて冷蔵庫に入れる。冷蔵庫では、庫内温度は〇℃前後、湿度は七〇～七五％で貯蔵する。冷蔵していても、ニンニクは貯蔵中にわずかずつ呼吸を続けているので、五～六カ月をすぎれば、根と芽がでてきて品質が低下してくる。

冷蔵貯蔵でさらに長期間貯蔵したい場合には、呼吸を抑制する効果が高いCA貯蔵（ガス貯蔵）を併用するとよい。CA貯蔵にはガス濃度をコントロールできる専用の冷蔵庫が必要である。普通冷蔵と同様に、球をコンテナに入れて貯蔵する。CA貯蔵する場合のガスの濃度は、酸素三～四％、炭酸ガス五～八％である。

普通冷蔵、ＣＡ貯蔵においても、貯蔵中に病害や乾燥不足による腐敗球が発生することがある。腐敗球は見つけしだい処分する。

③調製と荷姿

出荷する際には、土のついた皮を一～二枚むき、茎は長さ一センチ程度残し切除する。盤茎部に残っている根はきれいにカマなどでけずり取り、規格・等級別に分類して、ネット袋や段ボール箱に入れて出荷する（図４―30）。

2　促成栽培（図４―31）

(1)　栽培のあらまし

促成栽培は、ほ場の準備、土壌改良、施肥、植付け方法など基本的な栽培法は普通栽培と同様であるが、植付け前に種球の冷蔵処理を特別におこなう必要がある。

普通栽培やマルチ栽培とことなる種球冷蔵にともなう栽培のポイントと種球冷蔵のやり方について解説する。

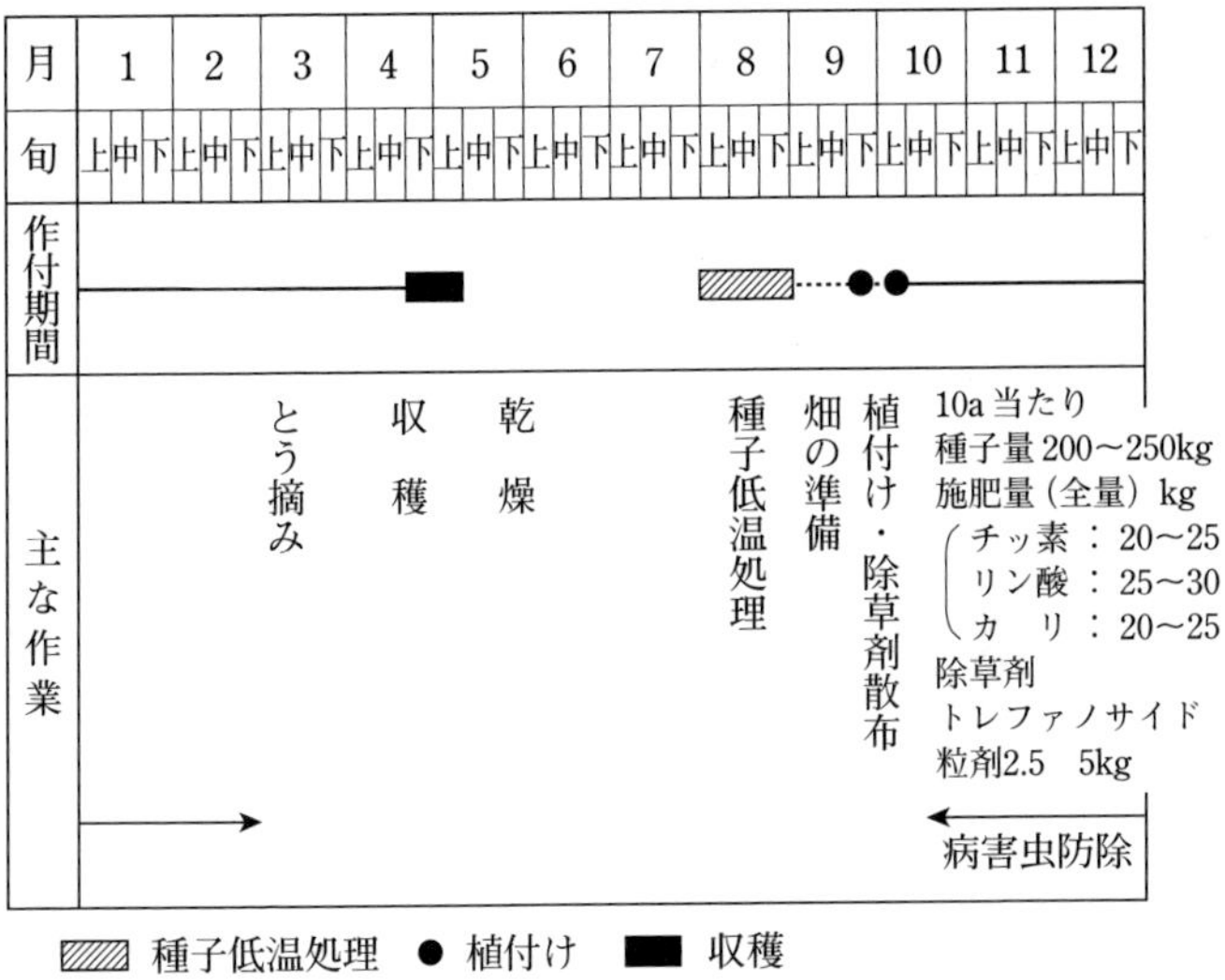

図4−31 球ニンニク促成栽培の栽培暦（暖地）

(2) 種球の冷蔵処理方法

促成栽培では、乾燥の終わった種球をあらかじめ〇〜五℃の低温で一カ月間程度、冷蔵庫で冷蔵処理して植付けに備える。

冷蔵処理する種球は、普通栽培やマルチ栽培と同様にばらしたりん片を病害虫の有無を確認し、大きさごとに選別したものをトレーなどに広げて冷蔵庫に入れる。

(3) 栽培のポイント

①植付け

植付時期が遅れないよう適期に植え付ける。りん片が低温処理されているため、普通栽培より発根や萌芽はそろいがよく、発根や萌芽までの日数が四〜五日早まる傾向がある。

しかし、促成栽培では植付け後も気温がまだ高い状態が続くため、畑が乾燥しやすい。発根しはじめるころに畑が乾燥した状態であると根が順調に伸長することができない。初期生育を順調に進めるために、水分の保持に努めることが重要である。

したがって、植付け後に十分にかん水をおこない、土が乾燥しないようにして、ニンニクが生育しやすい環境をつくってやることが大切である。

②植付け後の管理

生育は普通栽培より早まるので、病害虫と雑草防除は適期におこなう。病害虫は発生初期に防除したほうが、効率よく防除できる。

冬から春先の強風で、葉が折れたり土砂の飛散によって茎葉が傷つけられると、病害の発生をまねきやすい。病害虫の被害が拡大しないよう適期に防除することが大切である。

3 無臭ニンニク・ジャンボニンニク栽培

(1) 栽培のあらまし

ほ場の準備、土壌改良、施肥については普通品種と同様の栽培管理をすればよい。

(2) 栽培のポイント

植付けの手順は普通品種と同様の作業管理でよい。

ただし、無臭ニンニクの種子は一片が三〇グラム程度、ジャンボニンニクの種子は五〇グラム程度と大きい。このため普通品種よりも株間を広くとる必要があり、一〇アール当たりの株数も普通品種より三～四割程度少なくして植える。

また、普通品種よりも草姿が大形であるため、チッ素肥料が多くなると過繁茂になって株間の風通しが悪くなり、病害虫が発生することもあるので、肥料のやりすぎには注意する。

Ⅱ　茎ニンニク栽培の実際

1　茎ニンニク栽培のポイント（表4―8）

茎ニンニクは、球ニンニク生産の途中で抽だいした茎を収穫するだけなので、基本的に球ニンニク

表4−8　茎ニンニク栽培のポイント

	技術目標とポイント	技術内容
植付け後の管理	◎雑草防除	・雑草が発生すると風通しが悪くなり病害虫の発生が多くなるから，早めに除草する
	◎敷きワラ	・通路に敷きワラすると土壌の乾燥防止と雑草発生防止の効果がある
	◎1本立て	・1つのりん片から2本芽がでてきたら，早めに芽かきして1本立てとする
	◎追肥	・とうの品質を高めるため，早めに追肥をすませる。遅れると球割れや変形球の発生が多くなる
	◎かん水	・とうの品質を高めるため，かん水は適期に行なう
	◎病害虫防除	・害虫の被害を受けると外観が悪くなるから，適期防除に努める
収穫・調製	◎適期収穫 ・収穫の目安	・葉鞘の止葉からとうが伸長して目標の長さに達していたら，葉鞘のすぐ上で摘み取る ・品種によっては，とうの伸長が一斉でないから伸びたものから摘み取る
	◎調製	・茎の長さをそろえて切り，一束200gに結束する

と同様の栽培管理をすればよい。

ただ、とうを収穫した後の株は球ニンニク生産のために抜かずに残して栽培を続けるので、球の肥大への影響をできるだけ少なくするうえからも、収穫適期になったとうはできるだけ早く収穫するように心がける。

2 栽培の実際

(1) かん水と追肥

茎ニンニク栽培では、球ニンニク栽培以上に生育状況をよく観察して、葉がしおれたり葉色がうすくなっている状態であれば、すぐにかん水や追肥をおこなう。

抽だいのはじまるころから伸長期にかけて、水分やチッ素が不足すると、花茎が硬化して品質が低下しやすい。抽だいがはじまったら、うねの表面が湿るくらいにかん水する。追肥も同じ時期に一〇アール当たりチッ素とカリを一～二キロ施用する。とくにかん水不足になると花茎の伸長が遅れるだけでなく、球の肥大が遅れたり品質が低下したりしやすいので、適宜かん水する。

(2) 病害虫防除

抽だいから収穫までの時期は、高温・多湿で病害虫の発生が多い。農薬の散布にあたっては、安全使用基準をよく守って適正に使用する。

とくにさび病が茎に発生すると茎の見ばえが悪く、商品価値が下がるので早期防除に努める。

図4－32　収穫適期のとう立ち

(3) 収穫と調製

①収穫適期

収穫の適期は、最上葉の葉鞘内から、とうが三〇センチ以上伸長してきて、先（総苞）がまだ小さく柔らかい時期である（図4—32）。花茎が伸びきって総苞が開いたものは、茎ニンニクとしては適当でない。

とうを摘み取ることによって、球の肥大も良くなるので、収穫適期になったとうはできるだけ早めに収穫する。収穫の際は、三〇センチ以上に伸長したとうを最上葉の葉鞘のところから手で摘み取る。株によって抽だいが多少ずれるので、収穫は二〜三回に分けておこなう。

②調製の仕方

収穫したとうは、長さ三〇センチに包丁で切りそろえる。一束を二〇〇グラムにしてテープで結束するか、またはビニール袋に詰める。

調製後は段ボール箱に入れて、なるべく早く市場に出荷する。

Ⅲ　葉ニンニク栽培の実際（図4―33）

1　葉ニンニク栽培のポイント（表4―9）

葉ニンニク栽培は、休眠からさめた種球を植え付けて、若い葉と葉鞘を収穫する作型である。葉ニンニク栽培は、球ニンニクや茎ニンニクの栽培ほど広くおこなわれていないが、今後、消費の拡大も

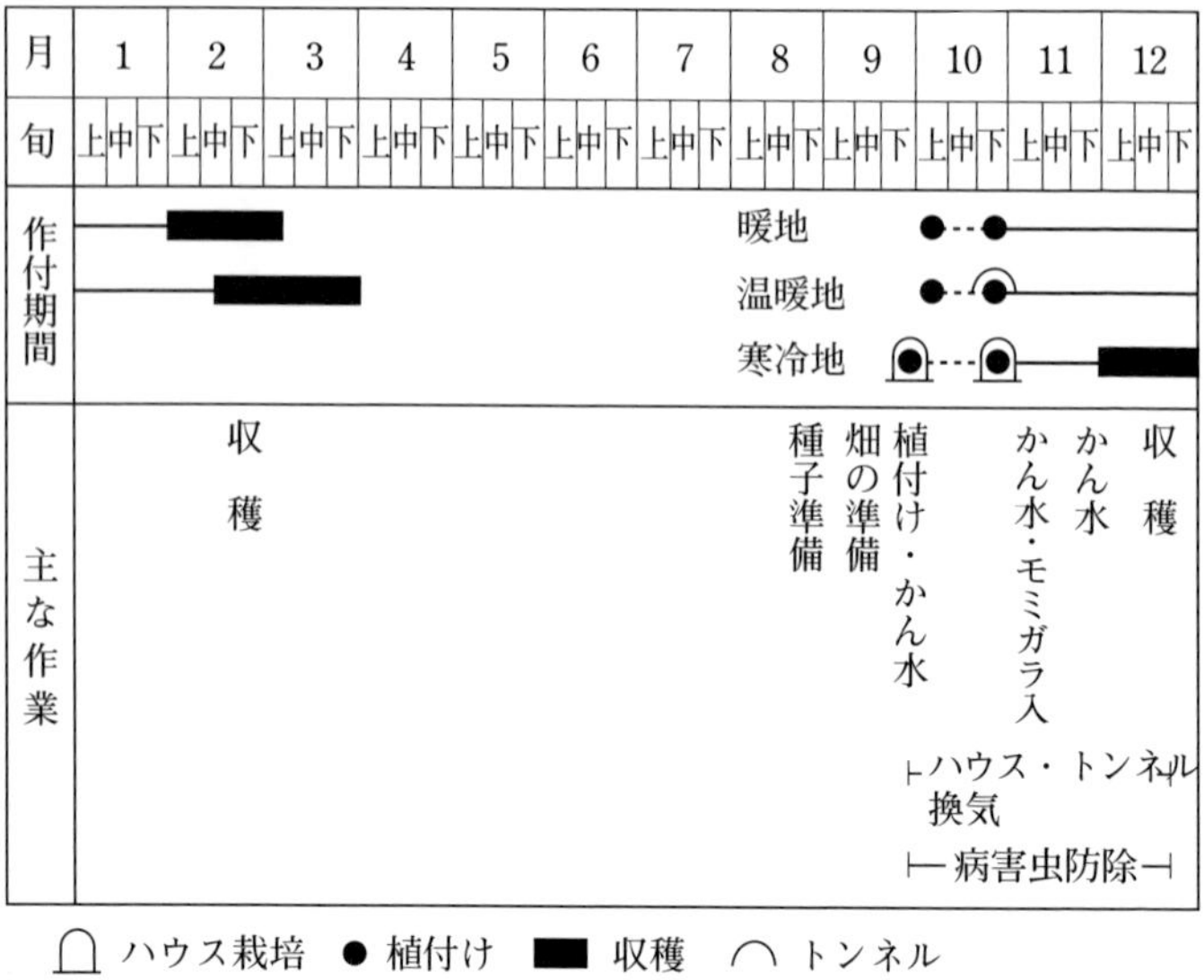

図4—33　葉ニンニクの栽培暦（寒冷地の例）

期待できるため、直売用の品目として有望である。

栽培時期は秋から早春にかけてが主体である。温暖地や暖地では冬期間でもトンネルをかける程度でよく、地域によっては露地でも栽培が可能である。しかし、寒冷地の露地では、生育適温の一八〜二〇℃を確保するのは難しいため、ハウス内で栽培する。

2　栽培の実際

(1)　種子の準備

球ニンニク栽培の種子に向かない小さなりん片でも、葉ニンニク栽培の種子に

表4−9　葉ニンニク栽培のポイント

<table>
<tr><th></th><th>技術目標
とポイント</th><th>技　術　内　容</th></tr>
<tr><td rowspan="4">植付けの準備</td><td>◎ほ場の選定と土づくり</td><td>・ユリ科作物の連作を避ける
・排水のよい肥沃な畑をえらぶ
・水稲の育苗ハウスの跡地利用のときは，酸度の矯正をする（pH6.0〜6.5に）</td></tr>
<tr><td>◎施肥基準</td><td>・ハウスでECが0.3mS/m以上あれば無肥料でもよい。施肥基準は球ニンニク栽培の半量とする</td></tr>
<tr><td>◎うねづくり</td><td>・うね幅130〜150cm，株間4〜6cm，条間4〜6cmの密植にする。排水が良ければ平うねでよい。植付け前にマルチする場合は早めにおこない地温を上げておく</td></tr>
<tr><td>◎種球の準備</td><td>・健全な1片が3〜9gの重さのりん片を準備する。大きさはおおまかに大・中・小と分けておく</td></tr>
<tr><td rowspan="2">植付け方法</td><td>◎適期植付け（地域によって適期がことなる）</td><td>・地域によって適応品種がことなる
・ハウス，トンネル，マルチの有無で生育期間がかわるから，適期に植え付ける</td></tr>
<tr><td>◎植付け方</td><td>・深さ2〜3cmに植える</td></tr>
<tr><td rowspan="6">植付け後の管理</td><td>◎かん水</td><td>・植付け時には土を十分しめらせておき，植付け後も生育をみながら，適宜かん水する</td></tr>
<tr><td>◎追肥</td><td>・葉色がうすくなっていくような場合には，10a当たりチッ素とカリを2〜3kg施用する</td></tr>
<tr><td>◎病害虫防除</td><td>・農薬を散布するときは農薬使用安全基準にしたがって，適正に使用する</td></tr>
<tr><td>◎トンネル，ハウスの温度管理</td><td>・晴天日には内部の温度が急激に上がりやすい。昼間は20〜25℃を目標に温度管理する
・トンネルではすそを，ハウスでは背の部分を開放して温度管理をおこなう
・夜間は0℃以上を目標に保温に努める
・気温が低い日が続くときは，トンネルやハウスを密閉しがちである。多湿になってくると病気の発生が多くなるから，朝だけでも一時的に換気をおこなう</td></tr>
<tr><td>◎軟白</td><td>・軟白する場合には1回目は草丈が10cmくらいになったらモミガラや稲ワラを株の間に薄くしきつめる。葉が2枚くらいになったら，2回目の軟白をおこなう</td></tr>
<tr><td>◎収穫・調製</td><td>・草丈が30cmをこえたら収穫する。太さや長さをそろえて，1束200gに結束して出荷する</td></tr>
</table>

は利用できる。カビや腐敗がなく、りん片重が三グラム以上のものを種子とし、大（七グラム以上〜九グラム未満）、中（五グラム以上〜七グラム未満）、小（三グラム以上〜五グラム未満）と大きさごとにおおまかに分別する。大きさごとに植え付ければ、畑ごとにだいたい生育がそろうため、栽培管理や収穫作業が効率よくできるとともに、作業時期が集中せず、労働をうまく分散させることもできる。種子消毒はしなくても実際栽培では問題ないが、しておけば安心である。種子消毒は、球ニンニク栽培に準じる。

(2) ほ場の選定と植付け前の準備

ほ場の選定や植付け前の準備は、球ニンニク栽培と同様におこなう。水稲を育苗したハウスは土壌の酸性が強いので、酸度を矯正してから使用する。また、前作にユリ科・ネギ属の作物が栽培された畑は、病害虫の増加が予想されるから避ける。ハウスの設置場所は、家に近いほうが、換気作業などの管理に便利である。

(3) 土壌改良と元肥

露地栽培やトンネル栽培では、球ニンニクと同様に土づくりをおこない、完熟した堆肥と石灰・リン酸の土壌改良資材を施す。

元肥の施肥量も球ニンニク栽培に準じる。露地栽培で前作に野菜が作付けされて肥料分が残っているようなほ場では、施肥量を減らしてもよい。

ハウス栽培では、土壌のＥＣ値をあらかじめ測定してから、施肥量を決める。とくに周年利用されているハウスでは、土壌中に肥料分が十分残っていることが多い。測定して、もし元肥を入れる前の土壌のＥＣが〇・三mS／m以上あれば、無肥料でも十分に栽培できる。

(4)　うね立て

うね立ては球ニンニク栽培と同様におこなう。うね幅は一三〇～一五〇センチとする。排水の良い畑は平うねでよい。露地栽培やトンネル栽培で、砂壌土のように乾燥しやすいほ場では、水分保持と生育促進のためマルチするとよい。

また、雑草防止もかねて黒マルチをすると、うね面の除草剤散布を省くことができ、農薬の散布回数も減らすことができる。

(5)　植付け

①栽植距離

標準的な栽植距離は、図4―34のとおりである。小さいりん片を使う場合には四×四センチ、中で

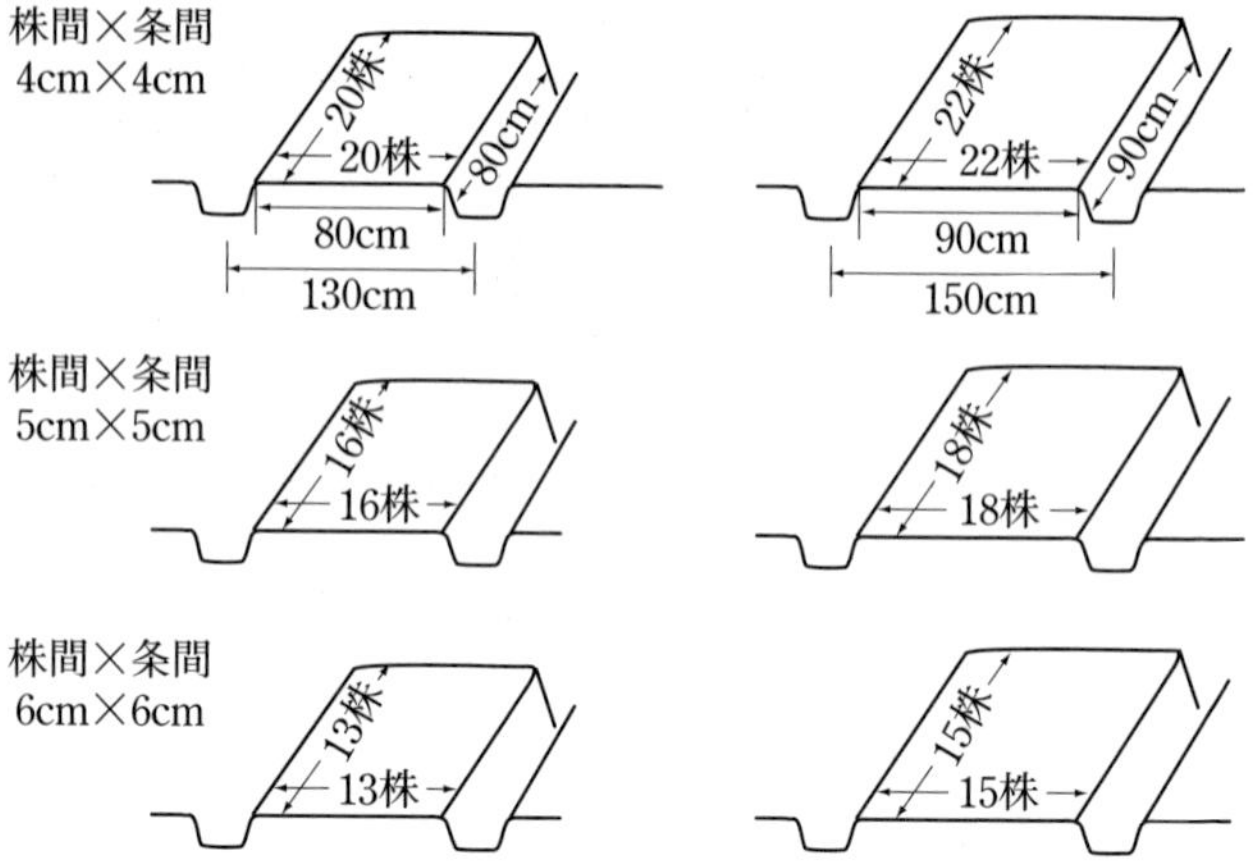

図4―34　葉ニンニク栽培のうね幅と株間・条間

は五×五センチ、大きいりん片は六×六センチと、小さいりん片では株間・条間を狭め密植にし、大きいりん片では株間・条間を広め疎植にすると生育もよく、収量も上がる。

ただ、暖地でマルチ栽培する場合は、株間・条間を広めにしたほうが風通しが良くなり病害虫の発生が少ない。

②植付け方

植付けは球ニンニク栽培と同様に、りん片の頂部を真直ぐ上にして植え、穴が平らになるように覆土をする。植付ける深さは二～三センチとする。

萌芽をそろえるため、暖地や温暖地では、植え付ける前にかん水してうねを十分湿らせておく。寒冷地での冬期のハウス栽培では、一週間くらい前にあらかじめうねに十分かん水してから、古ビニールを活用してうね面にべたがけして地温を二〇℃程度に上げておくと萌芽がそろいやすい。萌芽後はビニールを取り除く。

(6) 植付け後の管理

①かん水・追肥

植付け後、二～三週間でしだいに芽が出てくる。品質の良い葉ニンニクを生産するためには、植付け後もかん水が必要である。うねの表面から一センチぐらい乾いてきたら、うね面に一平方メートル当たり三～四リットルかん水する。トンネル栽培やハウス栽培でも、晴天が続くと土壌が乾燥しやすいから、適宜かん水する。

追肥は生育状況をみて、葉色が薄くなっていくようであれば施す。速効性のNK化成などを使って、一〇アール当たりチッ素とカリを各二～三キロ追肥する。

肥沃な畑やポリマルチをしている畑では、追肥の必要はない。

②トンネル・ハウスの温度管理

トンネルやハウスは、晴天時、内部の温度が二五℃以上に急激に上がりやすい。また温度の上昇とともに湿度も高くなり、病害虫の発生をまねきやすいから、温度管理を十分おこなう。昼間の温度は二〇～二五℃、夜間は〇℃以上を目標に管理する。晴天日の朝は、トンネルのすそをあげたりハウス

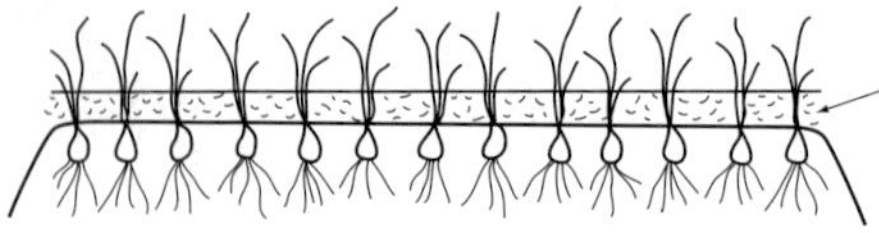
モミガラをうね面に
2回に分けて敷く
目安 1回目―3cm前後
2回目―4cm前後

図4－35 軟白の仕方

の肩の部分をあけて換気し、高温・多湿になるのを防ぐ。日没とともに夕方は、気温が急激に低下する。夜間の保温のため、トンネルのすそやハウスの肩のビニールは下ろす。

③軟白の仕方

商品性を高めるため、産地によっては、根元から一〇センチほど葉鞘部を軟白している（図4―35）。軟白によって緑と白のコントラストが美しくなり、外観・品質が高まる。

軟白には、モミガラや稲ワラを使用する。一回目は芽がでて草丈が一〇センチ程度になったころに三センチ前後、二回目は葉が二～三枚になったときに四センチ前後、モミガラや稲ワラを株の間に敷きつめる。

④雑草防除

生育期間が球ニンニク栽培より短いが、マルチを使用しない場合は、雑草対策として、球ニンニク栽培と同様に、植付け後すぐに除草剤を散布する。ただし、黒マルチを利用すれば雑草がほとんど発生しないので除草剤を散布する必要はない。

除草剤を散布しても植付け後一カ月くらいたつと再び雑草が発生してくるの

図4－36　葉ニンニクの調製前の姿

で、そのときは手取り除草を早めにおこなう。

⑤病害虫防除

球ニンニク栽培に準じて病害虫を防除する。さび病やネギコガが発生すると見かけが悪く商品価値が下がるので、適期に薬剤を散布して防除をおこなう。なお、薬剤の散布にあたっては、安全使用基準を守り使用する。

(7) 収穫・調製

収穫は、産地の出荷規格に合わせて適期に収穫する。収穫作業はすべて手作業である。

収穫適期の目安は、葉数が三～五枚、草丈が二五～四〇センチである（図4―36）。

図4―37　葉ニンニクの調製後の姿

寒冷地の産地の荷姿は、暖地より葉数が少なく草丈も短い形で出荷される。葉数三枚、草丈二五センチぐらいで一束一〇〇グラムとしている。

掘り取った株は、根を切って根元に残っている貯蔵葉や黄変した葉を取り除き、軟白部分を水で洗い泥を落とす（図4―37）。それをテープで一束二〇〇グラムに結束するか、または、袋詰してから段ボール箱に入れて出荷する。

第5章
販売と加工・利用

1 販売の方法

(1) 販売方法の判断

①球ニンニク

球ニンニクは、栽培面積が五〇アール以上であれば、主に大都市の中央卸売市場へ出荷するとよい。市場出荷では段ボール箱代や市場出荷手数料などの出荷経費がかさむが、長期にわたって安定的な出荷が可能である。そのメリットを活かして、球ニンニクは冷蔵貯蔵で長期保存しながら、計画的に出荷するとよい。

反対に、栽培面積が小規模で生産量が少ない場合には、地方の卸売市場に出荷するか直売をおこなう。地方の卸売市場は中央卸売市場よりも取引価格は少し安い傾向にあるが、その分運送コストも安くなり、問題はない。さらに、直売にすれば出荷経費は市場出荷のおよそ五分の一ぐらいですむ。

ただし、同じ球ニンニクでも、現在のところ無臭ニンニクやジャンボニンニクの市場出荷は少なく、市場での評価もそれほど高くない。したがって無臭ニンニクやジャンボニンニクは主に直売での販売がよい。

なお、市場出荷する場合は、産地の出荷基準にしたがって選別・荷造りをきちんとおこなって出荷し、信頼を得られるよう心がける。

②茎ニンニクと葉ニンニク

茎ニンニクや葉ニンニクは、球ニンニクと同様、栽培面積が一〇アール以上で一定量の生産物を定期的に供給できる産地体制があれば、大都市の中央卸売市場に出荷するのがよい。栽培面積が小規模で生産量が少なければ、地方の卸売市場に出荷するか直売をおこなう。茎ニンニクや葉ニンニクも市場出荷する場合には出荷経費がかかるが、直売であれば出荷経費は少なくてすむ。

ただし、茎ニンニクや葉ニンニクは、球ニンニクに比べて鮮度が低下しやすいため、市場出荷する場合はできるだけ栽培地域から近い市場に販売したほうが有利である。また、球ニンニクほど取引されていないので、地域にある他の作物と組み合わせて市場へ出荷するなど、運送コストが高くならない工夫が必要である。

茎ニンニクや葉ニンニクも市場出荷する場合は、産地の出荷基準にしたがって出荷する。

(2)　市場出荷の方法と注意点

①球ニンニク

球ニンニクの市場出荷は、産地の出荷基準に合わせてネット袋に一キロ詰めしたものを段ボール箱に入れて出荷する。

球ニンニクの場合、冷蔵による長期貯蔵ができるため、出荷時期によっては品質の低下が起こりやすい。とくに店頭でよく見られるのは球抜けである。一見、外観は正常な球であるが手でさわってみると、りん片の中身がなくスカスカとなっている。これは、ネダニや土壌病害の被害を受けたときに発生する。したがって、球の色ツヤが悪かったり裂皮してヒビが多い球は、ネット袋に入れる前に十分選別して除くようにする。

②茎ニンニクと葉ニンニク

茎ニンニク・葉ニンニクも市場出荷にあたっては、茎の長さや太さなど、産地の出荷基準にしたがうことが大切である。茎ニンニクは二〇〇グラム、葉ニンニクは一〇〇グラムまたは二〇〇グラムを単位に袋に入れ、段ボール箱に詰めて出荷する。なお、気温が高い時期に出荷する場合には、鮮度が落ちやすいから、予冷をして保冷車で輸送することも必要である。

地方の市場では、茎ニンニク・葉ニンニクはあまりなじみがない所も多い。消費を拡大するため、利用方法を説明したパンフレットを入れるなどして、宣伝に努める。

出荷する場合には、出荷の前にあらかじめ目揃い会を開くなどして、産地の出荷基準を統一し、市場の評価の向上に努めることが大切である。また、残留農薬が基準を超えていない、安全性の高いものを出荷する。消費者の残留農薬にたいする不安を取り除き、国産品に対する信用を獲得することが、国産品の評価につながり、輸入品に対抗できる大きな力となる。

(3) 直売の方法と注意点

生産地域内の直売所や道の駅などを活用して販売すれば、出荷経費を大きく節約でき、所得率は高まる。直売では、市場出荷のような出荷規格に合わせた細かい選別作業や荷造り作業を簡略化できるため、労働時間を短縮することもできる。

しかし、直売は市場出荷に比べて安定した販売が難しいという欠点がある。それを補うには、消費者の需要やニーズに応じた商品にすることが必要である。直売では球ニンニクなら一個単位からでも販売できるし、茎ニンニク・葉ニンニクは一束一〇〇円という売り方も可能である。また、球・茎・葉ニンニクや加工品をセットにして販売するなど、工夫しだいである。

商品管理の仕方によって、直売所の評価は左右される。直売する場合でも、商品管理の重要性は変わらない。客の来店時に欠品がないか、鮮度が落ちたものが放置されていないか絶えずチェックしておくことが大切である。出荷規格は市場出荷よりゆるくしがちであるが、腐敗や変質した商品の販売は絶対避けなければならない。

(4) 加工で付加価値をつける

①在来品種を活かす

古くから伝わる在来品種は、その地域の気候や風土に育まれて長く適応してきた地域の有益な資源である。中にはりん片の着色が強く、球ニンニクとして市場出荷するには不利なものもある。しかし、そうした在来品種も、加工に向ければ何ら問題がない。地域の個性ある素材と組み合わせて、たとえば地域で穫れる農産物はもちろん、自家製の特徴ある食材を利用して、たとえば手づくり味噌でニンニク味噌をつくって加工品として販売すれば、地域特産としても魅力であり、中山間地域の農業振興にも役立つ。

②冬場の農閑期に加工

寒冷地のように、雪が降ったり寒さが厳しいために冬場の農業生産が少ない地域では手のあいた労働力を活用して、加工品の製造に取り組むとよい。

とくにそうした地域の直売所は、冬期に生産物の品揃いが不足しがちである。そこに新しい加工品を開発できれば、直売所の品揃いが豊富になるとともに、魅力が高まり集客力のアップ、ひいては売上アップにも役立つ。ニンニクとともに、地域の他の特産物をできるだけ活用した特色ある商品を開発することができれば、高い付加価値をつけて販売することができる。

たとえば、植付時期と収穫時期以外は比較的作業が少ないニンニク栽培の特徴を活かして、初夏に収穫した地域特産の梅の実を塩漬けにしておき、農閑期になったらニンニクとあわせて「ニンニク梅漬け」に加工するなどすれば、さらに付加価値をつけた販売が可能である。

2 加工導入の注意点とさまざまな加工品

(1) 加工の注意点とポイント

①加工の規模と加工機械

ニンニクは、最近では入浴剤やニンニクドリンクなどのさまざまな商品に加工されている（図5―1）。

加工は、個人で少量におこなうのであれば、製造のための器具は簡単なものですむ。手軽に使えるニンニクつぶし器（図5―2）、乾燥には電子

図5―1 ニンニクの各種加工品

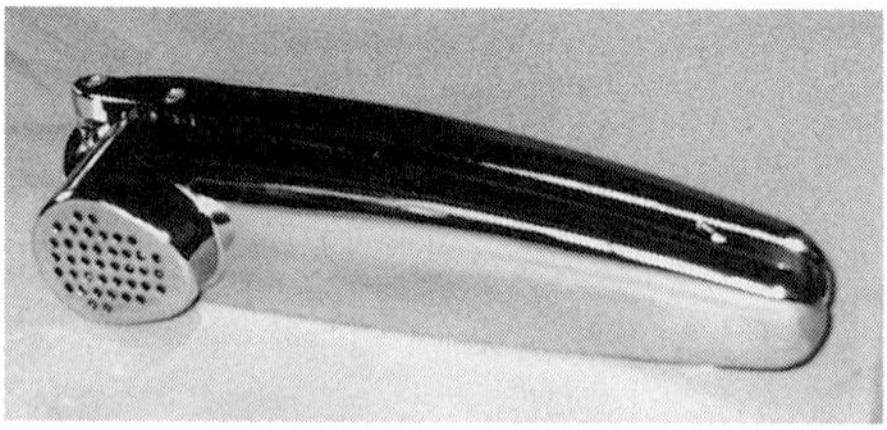

図5―2　家庭でも気軽に使えるニンニクつぶし器

図5―3　乾燥用の機械

レンジなど、身近な道具や家電製品を利用すれば十分可能である。

しかし、本格的に加工する場合には、ニンニクをつぶしたり、乾燥させたりする機械が必要である。生のニンニクを乾燥できる機械（図5―3）や電動ですりおろしができる機械（図5―4）があれば加工の効率もあがる。この他にも洗浄機、蒸し器、野菜裁断機、殺菌槽、電子レンジ、充填機などが必要である。ただし、こうした機械は数十万から数百万と高価なものが多いため、個人での購入はコ

図5―5　地域特産物とニンニクを組み合わせたビン詰め製品
あんずニンニク（上）ともろみ漬ニンニク（左下），梅ニンニク（右下）

図5―4　すりつぶし用の機械

ストの面から考えて難しいが、地域の農産物加工指導センターなどで利用できるところもある。したがって、本格的に加工を考える人は、地域内の数人のグループで加工所などを利用するとよい。

②商品開発のポイント

商品の開発にあたっては、地域の食材と上手に組み合わせ、消費者の食の志向性を読み取り、商品化することが大切である。たとえば、青森県のニンニク産地の六戸町では、ニンニクと地元産のもろみ、あんず、梅の実などを組み合わせてもろみ漬ニンニク、あんずニンニク、梅ニンニクを開発し、「自然食品　にんにこちゃんシリーズ」として商品化している（図5―5）。また、南郷村

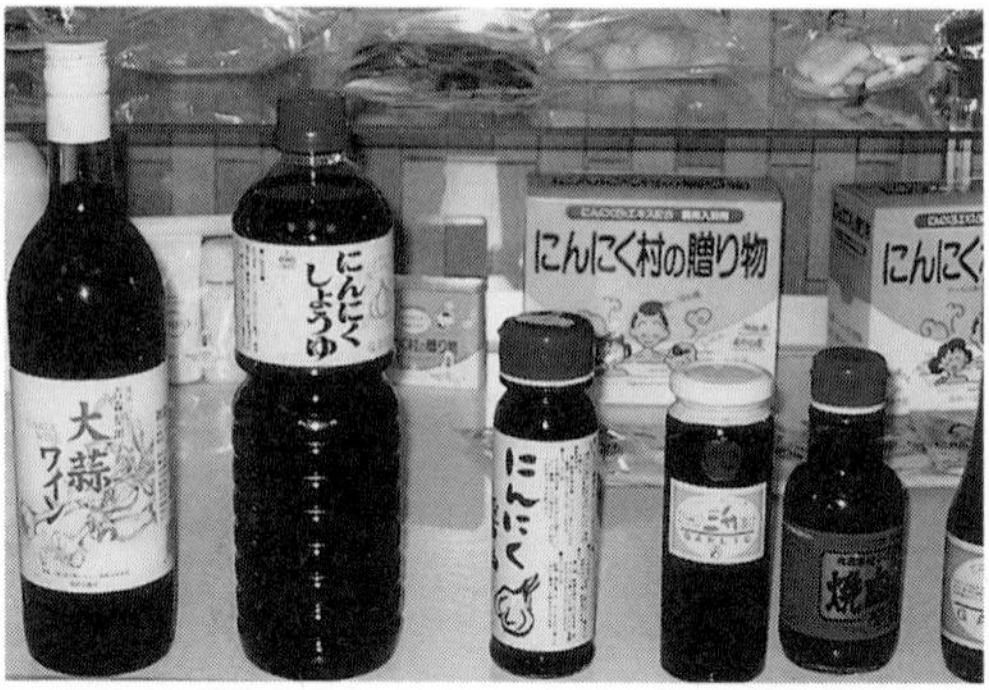

図5—6　ニンニクのいろいろな調味料。ニンニクワインや焼肉のタレなども発売されている

では、特産のモロヘイヤの乾燥粉末とニンニクを使って粒状にした「モロヘイヤにんにく」を商品化している。他の地域でも、地域の素材と組み合わせた特徴あるニンニクの加工品が各地で開発されている（図5—6）。

③加工品の品質

加工品の品質は、原料とするニンニクの品質によって善し悪しに大きく影響する。そのため、原料の選別は厳しくおこなわなければならない。

原料の選別にあたって、原料に使うニンニクはりん片の芯の部分が緑色になっていないものを準備し、少しでも腐敗したりん片や変色したりん片は下準備の段階できちんと選別して取り除いておく必要がある。

(2)　ニンニク加工品の作り方

●ニンニクチップ

りん片の皮をむいた生のニンニクを薄切りにして、機械で乾燥させたものである。保存がきき、生のものよりにおいがまろやかで料理など用途が広い。

〈作り方〉

①皮をむいて選別がすんだりん片は、盤茎部を切り落として、水洗いしておく。

②水洗いしたりん片を厚さ一～二ミリにスライスして、再び水洗いしてニンニクのヌメリをとる。ヌメリを残すと製品の質が落ちるので、念入りにおこなう。ヌメリをとったニンニクはよく水切りする。

③水切りしたニンニクは、金網に重ならないように広げ乾燥機の棚に置いて、六〇℃で三時間ぐらい乾燥させる。上下の乾燥ムラを防ぐため下の棚の金網を上に、上の金網を下に入れかえてさらに四時間ほど乾燥させ、そのまま乾燥機内でよく冷ます。

●ガーリックパウダー

りん片の皮をむいた生のニンニクを乾燥機で乾燥し、粉砕機で粉末にしたものである。そのままラーメンに振りかけたり、焼きのりや削りぶしと塩をまぜ、熱いごはんの振りかけとしても重宝する。

〈作り方〉

①最初にニンニクチップをつくる（作り方はニンニクチップの項を参照）。

②できたニンニクチップをミキサーやフードカッターなどにかけて粉砕する。

図5―7　ニンニク球

●ニンニク球（図5―7）

りん片の皮をむいた生のニンニクを蒸し、つぶして卵黄とまぜてゆっくり練ってから小さい球にして乾燥させたものである。なかには、ニンジンやモロヘイヤなどの地域の特産品を混ぜ込んだものもあり、健康食品として、一回に数粒を丸薬のようにそのまま水で飲むと、体力増強の効果が期待でき、健康維持に役立つ。

〈ニンニク球の作り方〉

①皮をむいて選別がすんだりん片は、盤茎部を切り落として、水洗いしてよく水を切っておく。
②水洗いしたりん片はやわらかくなるまで蒸し器で約一〇分ほど蒸す。
③蒸したニンニクに卵黄を加えてミキサーにかけ、よく混ぜ合わせる。
④卵黄と混ぜ合わせたニンニクは鍋に入れて、弱火でかき混ぜながら水分を飛ばし、球にできる程度のかたさにする。
⑤大豆くらいの大きさに丸めて、乾燥機に入れて球がつぶれなくなるまで約一時間ほど乾燥させる。

〈モロヘイヤ入りニンニク球の作り方〉

①生のモロヘイヤは二〜三回水で流し洗いしてゴミや汚れを落とす。これをよく脱水する。

②これを乾燥機の棚にいれ七〇℃で三〇分乾燥してから、上下の乾燥ムラを防ぐため位置をかえてさらに七〇℃で一時間乾燥させる。一段ごとに左右の位置をかえてさらに六五℃で二時間乾燥して冷ます。

③乾燥したモロヘイヤは手もみをしてある程度細かくしてからさらにミキサーにかけてさらに細かく粉砕し、ふるいにかけて茎を取り除く。

④できたモロヘイヤの粉末を前述のニンニク球をつくる工程の③のものに混ぜ合わせる。

⑤あとはニンニク球づくり④・⑤と同じ要領で大豆くらいの大きさに丸めて乾燥機に入れて乾燥させれば、できあがり。

●ニンニクのしょう油漬け

りん片の皮をむいた生のニンニクを、しょう油に長期間漬け込んだものである。そのまま食べてもおいしいが料理の風味付けによい。炒飯の仕上げに少量の漬け汁を振りかけると、しょう油の香ばしいかおりが際立ち食欲を増す。

〈作り方〉

①皮をむいて選別がすんだりん片は、盤茎部を切り落として、水洗いしてよく水を切っておく。

②水切りしたニンニクに酢を加える。一〇日ほどおいてから、ニンニクをざるにあげて酢をよく切る。

③酢漬けしたニンニクにしょう油をひたひたになるまで入れる。一カ月後から食べられるが、一年くらい熟成させたほうが味がなじんでおいしい。しょう油に酒、砂糖、みりんを加え、ひと煮立ちさせ冷ましたものを加えてもよい。

●ニンニクの味噌漬け

収穫したばかりの生のニンニクのりん片の皮をむき、酢に漬けてにおいをやわらげてから、地域のこだわりの味噌に長期間漬け込んだものである。

①皮をむいて選別がすんだりん片は、盤茎部を切り落として、水洗いしてよく水を切っておく。

②水切りしたニンニクに酢を加える。一〇日ほど漬け込んでから、ニンニクをざるにあげて酢をよく切る。

③味噌に酒を加えて混ぜ合わせやすい程度にやわらかくなるまでのばしておく。

④樽などに味噌とニンニクを交互に漬け込んでいく。ニンニクは一カ月後から食べられるが、漬け込んで一年くらいたってからのほうが味が染み込んでよい。また、少量のみりんを加えてもおいしさがアップする。

3　ニンニクを使った簡単な料理

(1)　ニンニク料理のポイント

①熱を加える

炒めるときは、用途に応じてスライスやみじん切りしたものを、弱火で焦げないように炒め、かおりをひきだしてから他の材料を入れる。

やさしいかおりが欲しいとき、たとえばサラダの場合には、器にニンニクの切り口をこすりつけてかおりをうつすと風味が増す。フランスパンでも同様にして、バターをぬって食べるとおいしい。

肉の煮込み料理では、りん片の皮をむいてから切らずにそのまま煮込み、後でとりだせば、ニンニク嫌いの人でもにおいが気にならない。茎・葉ニンニクを料理に使う場合には、新鮮なものを用いる。切り口がしなびてかたくなったものは、シャキッとした歯ざわりや甘味が少なくなるので、みずみずしいものを使う。

②皮のむき方とにおい消し

乾燥させた球のりん片を使うとき、皮がむきにくく、手ににおいが移りやすい。あらかじめりん片を水に漬けておき、皮をふやけさせると簡単に皮むきできる。
においがついた手やまな板は、酢と塩で洗うととれる。

③においをやわらげる調理法

においをやわらげる調理法としては、炒めるほかに蒸したり煮たりするのもよい。また、収穫後すぐに、りん片の皮をむき酢に漬けて保存しておけば、においがやわらいでいろいろな料理に使える。

(2) ニンニクを使った簡単な料理

●球ニンニクのアルミホイル包み焼き

〈材料〉二人分

球ニンニク　二個

バター　大さじ二杯

〈作り方〉

①球ニンニクの薄皮をはいで一個ずつ、ばらばらにしておく。

●ガーリックステーキ

〈材料〉二人分

ニンニク　りん片二～四個

ステーキ用牛肉　一五〇グラム（二枚）

バター　大さじ二杯

サラダ油　大さじ二杯

塩・こしょう　少々

ニンジン　二分の一本

②ニンニクをアルミホイルで包み、オーブンに入れて約五～一〇分焼く。
③中まで十分に火がとおったら、オーブンから出してアルミホイルをひらき、仕上げにニンニクの上にバターをのせる。

図5—8　球ニンニクのホイル焼き

ホウレンソウ　四分の一束

〈作り方〉
①熱したフライパンにサラダ油を入れ、薄切りしたニンニクをキツネ色になるまで焼き、取り出す。
②肉の両面に塩・こしょうを振り、バターとサラダ油を入れたフライパンで両面を好みの焼き加減に焼く。
③肉を取り出し、ホウレンソウを炒め、あらかじめゆでておいたニンジンを軽く炒める。
④肉の上にニンニクをおき、ホウレンソウとニンジンを添える。

図5—9　ガーリックステーキ

図5—10　ニンニクときのこのスパゲッティ

●ニンニクときのこのスパゲッティ

〈材料〉

ニンニク　りん片数個（お好みで）

スパゲッティ　一五〇グラム

きのこ（シメジなど）二分の一パック

赤トウガラシ　小一本

オリーブ油　大さじ二杯

バター　大さじ一杯

塩・こしょう　少々

〈作り方〉

①スパゲッティを好みの固さにゆでておく。

②オリーブ油とバターをフライパンに入れて、薄切りにしたニンニクと小口切りしたトウガラシを炒める。香りがでてきたら、きのこを加える。

③きのこに火がとおったら、ゆで上げたスパゲッティを加えて、塩・こしょうで味をつけて仕上げる。

図5－11　茎ニンニクと豚肉の中華風炒め物

●茎ニンニクと豚肉の中華風炒め物

〈材料〉

ニンニクの茎　一〇〇グラム／細切りした豚肉　一〇〇グラム／水煮したたけのこ　一〇〇グラム／味噌　大さじ二分の一杯／みじん切りのネギとショウガ　各大さじ二分の一杯／サラダ油・酒・しょう油　各大さじ一杯／砂糖・塩・ごま油・こしょう　少々／水　四分の一カップ

〈作り方〉

①茎ニンニクは水洗いして五センチに切り、さっと色がかわる程度にゆでておく。

②フライパンにサラダ油を入れ、ネギ・ショウガを軽く炒め、香りが出てきたら肉を入れてさらに炒める。

③肉に火がとおったら、茎ニンニク・たけのこを加え、水・酒・砂糖を加えて煮る。

④加減を見ながら塩・コショウで味を調え、仕上げにごま油をかけてできあがり。

図5－12　茎ニンニクとベーコンのスープ

●茎ニンニクとベーコンのスープ

〈材料〉

茎ニンニク　五〇グラム

ベーコン　二五グラム

固形スープの素　一個

酒・塩　少々

水　三カップ

〈作り方〉

①茎ニンニクとベーコンは長さ一センチに切る。

②固形スープの素と水を鍋に入れ、火にかけとかしておく。

③鍋に茎ニンニク、ベーコン、酒を加え煮る。

④塩を加減して味を調えて仕上げる。

●葉ニンニクと豆腐の煮込み

〈材料〉

葉ニンニク　一〇〇グラム／木綿豆腐　一丁／細切りした豚肉　五〇グラム／しょう油　大さじ一杯／サラダ油　大さじ一杯／豆板醬　大さじ二分の一杯／水　カップ二分の一杯／水溶き片栗粉　大さじ二分の一杯／塩・こしょう・ごま油　少々

図5－13　葉ニンニクと豆腐の煮込み

〈作り方〉

①ニンニクは葉と茎の部分に分けてそれぞれ三センチに、豆腐はさいの目（一センチ角程度）に切っておく。豚肉はしょう油大さじ二分の一杯で下味をつけておく。

②熱したフライパンにサラダ油を入れ、肉を炒める。

③肉に火が通ったら豆板醬と茎の部分を加えて軽く炒める。

④水を入れて残りのしょう油・砂糖で味をつけてから、豆腐、葉の順に入れ、ひと煮立ちさせる。

⑤最後に塩を加えて味を調えたら、片栗粉でとろみをつけ、仕上げにごま油をたらしてできあがり。

図5―14　葉ニンニク入り卵焼き

●葉ニンニク入り卵焼き

〈材料〉

みじん切りした葉ニンニク　五〇グラム

卵　三個

サラダ油　大さじ二杯

砂糖・塩　少々

〈作り方〉

①卵をほぐし、砂糖・塩を加えてかき混ぜておく。

②熱したフライパンにサラダ油を半量だけ引き、葉ニンニクを軽く炒める。

③葉ニンニクからよい香りがしてきたら、残りの油を引いて溶き卵を流し入れる。

④あとはふつうの卵焼きと同じ要領で焼けばできあがり。

著者略歴

大場　貞信（おおば　さだのぶ）

1941年（昭和16年）北海道函館市生まれ。

元青森県畑作園芸試験場研究調整監。

岩手大学農学部農学科卒。

1964年（昭和39年）に青森県職員となり，青森県農業試験場，青森県農業試験場砂丘分場，青森県畑作園芸試験場に勤務し，ニンニク，ナガイモ，トマトなどの野菜の試験研究をおこなう。

主な著書に，『新野菜つくりの実際　根茎菜』（共著　農文協），『園芸ハンドブック』（共著　養賢堂），『農業経営大事典　AGLICANA9　原色園芸農作物図鑑』（共著　学習研究社）などがある。

◆新特産シリーズ◆
ニンニク
—球・茎・葉ニンニクの栽培から加工まで—

2003年３月25日　第１刷発行
2023年８月５日　第18刷発行

著　者　　大場　貞信

発行所　　一般社団法人　農山漁村文化協会
郵便番号　335-0022　埼玉県戸田市上戸田２-２-２
電話　048(233)9351（営業）　048(233)9355（編集）
FAX　048(299)2812　　　振替　00120-3-144478
URL http://www.ruralnet.or.jp/

ISBN978-4-540-02134-3　　製作／(株)農文協プロダクション
〈検印廃止〉　　印刷／(株)新協

製本／根本製本(株)
Printed in Japan　　定価はカバーに表示
乱丁・落丁本はお取り替えいたします。

―栽培・飼育から加工・売り方まで―

新特産シリーズ

タラノメ
藤嶋　勇著　1600円＋税
ふかし促成は冬場のハウス内での軽作業。春〜秋の穂木養成も放任管理。問題の病害も省力回避。

ワサビ
星谷佳功著　1500円＋税
畳石式の高級ワサビ、開田が簡単な渓流式、水田利用のハウス栽培、茎葉主体の畑ワサビなど。

マツタケ（オンデマンド版）
伊藤　武・岩瀬剛二著　1900円＋税
樹園地（マツ林）の集約管理によって結実させる。適地選びから、畑つくり、新規更新法まで。

ユズ（オンデマンド版）
音井　格著　1900円＋税
連年結果や低樹高化を実現させる夏肥・摘果作業や誘引重点の枝管理の勘所。様々な加工・調理。

イチジク
株本輝久著　2000円＋税
経費がかからず早期成園化で夏場に稼ぐ。栽培・管理も容易。施設栽培や予冷など最新技術も詳述。

ギンナン
佐藤康成著　1457円＋税
超省力果樹の植え付けから機械による収穫・調製までを地域への多様な取り入れ方も含めて詳述。

枝物
船越桂市編著　2500円＋税
旬を感じる花材として手堅い需要。経費がかからず収入も安定、促成・露地・調製・出荷を詳述。

ミツバチ
角田公次著　1600円＋税
品質極上はちみつからローヤルゼリー、蜂針療法、花粉交配まで。実際家による初めての手引書。

日本ミツバチ
藤原誠太著／日本在来種みつばちの会編　1600円＋税
ふそ病、チョーク病、ダニ、スズメバチ、寒さに強い種蜂捕獲から飼育法、採蜜法まで詳述。

ドジョウ
牧野　博著　1700円＋税
稚魚放流の適期把握を中心に、人工孵化、逃亡防止などの技術を詳述する低コスト養殖の実際。

（価格は改定になることがあります）